U0940042

从对抗到共赢

像顶级谈判专家一样行动

[法] 杨杜泽　沈莉娟　王赛　范松璐 / 著

中信出版集团 | 北京

图书在版编目（CIP）数据

从对抗到共赢：像顶级谈判专家一样行动 /（法）
杨杜泽等著 .-- 北京：中信出版社，2019.11
ISBN 978-7-5217-1038-0

Ⅰ．①从… Ⅱ．①杨… Ⅲ．①谈判学 Ⅳ．
① C912.35

中国版本图书馆 CIP 数据核字（2019）第 198667 号

从对抗到共赢——像顶级谈判专家一样行动

著　　者：［法］杨杜泽　沈莉娟　王赛　范松璐
出版发行：中信出版集团股份有限公司
（北京市朝阳区惠新东街甲 4 号富盛大厦 2 座　邮编　100029）
承 印 者：山东鸿君杰文化发展有限公司

开　　本：880mm × 1230mm　1/32　　印　　张：5.75　　字　　数：97 千字
版　　次：2019 年 11 月第 1 版　　印　　次：2019 年 11 月第 1 次印刷
广告经营许可证：京朝工商广字第 8087 号
书　　号：ISBN 978–7–5217–1038–0
定　　价：49.00 元

版权所有 · 侵权必究
如有印刷、装订问题，本公司负责调换。
服务热线：400–600–8099
投稿邮箱：author@citicpub.com

推荐语

《从对抗到共赢》逻辑清晰，分析案例的同时讲解了谈判的四步骤、十要素及二十六策略，值得商业谈判人士仔细品味。希望以此情怀致敬中非友谊，以市场升级中非合作。

——汪力成

中非民间商会会长

投资中的谈判更多是在“谈”的基础上，运用这本书提到的“四步骤 + 十要素 + 二十六策略”模式，充分了解各方需求后进行决策，谈判思维和技巧尤为关键。推荐投资人士阅读这本书。

——张家豪

知名投资人、企业家、慈善家，美中投资促进会主席，

美国大都会资本管理集团董事长

《从对抗到共赢》一书结合丰富的学术背景、大量的实践经验，总结了最新的科学谈判方法，倡导用合作、身份识别、认知的思维，大胆创造、创新谈判价值，提升成交量与成交可能性。希望提升谈判技能的人都应该看一下这本书。

——［美］弗兰克·泽让亚

法学博士，美国南加州大学 Sol Price（索尔·普莱斯）学院教授

精彩绝伦！这本书从全世界的视角出发，给出了实用且全面的谈判指南。

——高精鍊

全球物联网科学院有限公司院长、总裁

商场即战场，《从对抗到共赢》一书展示了如何将商战一线的硝烟变成共赢的结果。

——［韩］申明澈

MCM 集团行政发展负责人，KingsBay 资本联合创始人

毫无疑问，我会推荐商学院的本科生、硕士生、博士生，以及学者和谈判实操者看一下这本书。

——［法］杰西卡·里奇

法国 IDRAC 商学院（商业研究与商业行为学院）

数字应用行为学教授

在 30 年的职业生涯中，我见过不少“王牌”对手、合作伙伴，但真正要和他们从谈判变成合作，首先自己就得是“王牌”，这本书值得所有谈判者一读。

——王群

IBM 莲花软件中国区前总经理

所有商业的达成和成功都离不开谈判，这本书揭示出王牌与王牌合作背后的底牌。

——任建标

上海交通大学安泰经济与管理学院 EMBA 项目主任

知己、知彼、博弈，是心理学与认知科学领域的热点，模式识别也是人工智能最先告捷的领域。如何将认知科学领域的成果落到真正的谈判桌上，在既无每步落子指导，也无清晰棋谱复盘的前提下，打出制胜王牌，《从对抗到共赢》能给你独特视角和答案。

——林思恩

talkingBrain 首席执行官，

中国科学院及香港中文大学认知神经科学博士

我十分愿意为广大读者推荐此书，因为谈判无处不在，密切关系到我们的生活品质，揭示和掌握其中奥秘很有必要。

——丁一

中美硅谷发展促进会会长，中国营销学会会长，

中国营销学院院长

这本书对新型谈判有全面和深入的研究，角度更广，思维更创新，是值得职场专业人士一读的好书！

——杨江海

上海黎扬文化传播有限公司董事长

新型谈判学帮我在商场上签下很多生意大单，但是它对我最大的帮助在于让我的生活更加和谐了。学习新型谈判学让我们更幸福。

——鲁金州

金佰利纺织有限公司，优秀私营企业家代表

目 录

Part 2

数字经济时代与心理学、生理学推动新型谈判学

Part 3

新型谈判者分类

Part 4

新型谈判的四步骤与十要素

Part 5

新型谈判的二十六策略

推荐序

吴玉华[1]

2017年夏，在上海一个关于国际经济与贸易主题的论坛上，我第一次遇到了本书主要作者杨杜泽和沈莉娟。当时，杨杜泽还就新型谈判学做了介绍。后来他们告诉我，打算出版一本关于数字经济时代背景下的新型谈判学的书，想请我给这本书写一篇序。

我一般不给人写序，但是，这次我觉得作者在新型谈判学方面做了有意义的探索和求证，而这些探索和求证又能够帮助人们

① 吴玉华，上海市张江科技园发展有限公司常务副总裁，上海长三角科技城发展有限公司执行总裁；中央统战部党外知识分子建言献策专家组经济组成员，上海华夏文化经济促进会副会长，第十二届上海市政协常委；曾任上海宝钢集团驻欧洲总代表、西门子集团中国区高级副总裁、中国外商投资企业协会投资性公司工作委员会办公室主任等职务。

更好地取得成功，所以我答应了。另外，我本人也长期在宝钢、西门子和高新科技园等单位工作，工作中很重要的内容就是谈判。经过几十年的谈判，我积累了一些经验和体会，也一直想把这些经验和体会写出来，却苦于没有足够的时间。现在有人写了，能够给他们作序，也算是一种乐趣吧。

需要说明的是，在人类的政治、经济领域和日常生活中，谈判很重要，谈判技巧也很重要。但是，任何技巧，哪怕是最高超的技巧，都必须以扎实的专业知识为基础。我在宝钢工作期间，参加了许多重要的国际谈判，感触很深，在此仅举一例。

20世纪八九十年代，许多中国企业开始涉足国际市场，最初的做法就是在家门口与外商建立合资企业。由于国内企业尚处于成长期，参与国际市场竞争的经验普遍不足，不少外商利用中国企业这方面的弱势，提出了非常苛刻的合资条件，制定合同条款时常常把利好留给自己，而把风险推给中方。当时，中国企业急需外资，所以，尽管面对的是“不平等条约”，多数时候也只能忍气吞声。那时，我刚从国外留学回来，懂得一点国际市场的游戏规则，发誓要改变中国企业与外商谈判时的弱势地位。机会终于来了。有一次，中外双方打算成立一家合资公司，由中方控股，占 60% 的股份，外方占 40% 的股份。董事会由 5 人组成，3 人来自中方，另 2 人来自外方。在设置合资章程时，外方提出的“公司重大决策必须经过董事会成员三分之二以上同意，方能生效”的条款引起了我的注意。这项看似合理的要求，实则暗藏玄机。“三分之二以上同意”，即需要至少 66.67% 的人同意，但中方董事仅占全体董事会成员的 60%，也就是说，外方虽然只占 40% 的公司股份，却掌握着一票否决权。外方的“数字游戏”被我识破，只有把“三分之二”变为“半数”，中方企业才能真正实现控股。外方不得不服，中方的利益得到了维护。后来，这样的谈判越来越多。久而久之，外商知道中国也培养出了深谙国际市场游戏规则的谈判人员，就不敢再小觑我们了。

当下是数字经济、人工智能、大数据、区块链、云计算等重大科技迅速发展的关键期，中国也正处于改革开放 40 周年这个大踏步前进的关键期，跨境电商的兴起和国际化浪潮使市场风起云涌。在这种时代背景下，谈判到底发生了怎样的变化，是大家非常关注的。谈判无处不在，小到生活中的伴侣间、家人间，工作中的同事间、上下级间，大到企业、政府、国际组织间，都无时无刻不存在谈判。随着生活水平的不断提高，人们越来越重视生活品质和融洽的人际关系。随着生活节奏的不断加快，人们也感受到前所未有的高强度压力。通过学习谈判学，提高谈判成功率，提升家庭、生活、事业、人际关系等多方面的满意度，提升个人、企业和政府的绩效，是我们每个人的需要。具备一定的谈判思维、谈判技巧，懂得谈判策略，了解影响谈判成败的因素，提升谈判心理素质，是生活在现代社会必备的生存技能。

这本书的创作团队中的每个人都具备丰富的国际化教育背景和全球化视野，都有在国外接受教育的经历。他们中有创业者、顶尖大学商学院的教授、公司创始人或管理者、记者等，都曾经深入研究过管理、咨询、谈判、教育等多个领域和学科，并已经在各自的领域取得了不少成绩。

这本书融合了世界范围内顶尖谈判专家的经验，阐释促使谈判成功的各种为人处事的智慧，结合丰富的经典谈判案例，解析了影响谈判的十个要素、二十六种实用的谈判策略，凸显了新时代背景下谈判的创新方法。这本书中的许多观点，可以说是充满创意和独树一帜的。

这本书将诺贝尔经济学奖获得者们与谈判相关的贡献和老百姓的日常谈判经历完美结合，写得通俗易懂，令人爱不释手。

我曾向主创团队问起他们写这本书的初衷，我发现他们有一种与众不同的利他和慈善思维，以及充满朝气和成熟圆融的正能量。正值事业蓬勃上升期的他们，平均年龄不到40岁，是社会的中坚力量，希望更多的读者能够看到并感受到他们的正能量，这也是我支持他们的一个重要原因。

这本书致力于为大家提供解决生活工作中的大量冲突的谈判战略和战术、方法和措施。在全世界对数字经济、人工智能、大数据、区块链的创业创新投资如火如荼的背景下，高效优雅地谈判能帮助大家轻松抵抗负能量和错误落伍思维。从这个角度，提升全民综合素质和谈判能力，改善大众的生活品质，传播最新思想，就是造福读者的行为。

这本书的创作团队花了数年的时间整理材料，之后悉心写作，十易其稿，追求卓越。我可以感受到作者们希望帮助读者提升自己的真诚之心，但愿此书去到每位读者身边后能提升读者的谈判能力，让新型谈判思维影响到每位读者。希望读者们阅读这本书后，能够了解和掌握新的谈判技巧，让自己的工作和生活变得更加美好。

2019 年 9 月 7 日于上海

PART I

你所不知道的新型谈判学

New

谈判的重大意义：每人每五分钟就可能遇到一次谈判

在这个世界上，谈判可能从来没有像今天这般重要。巴黎高等师范学校的研究发现，每个人每五分钟就要面对一次小型决策（mirco-decision），而只要在决策过程中遇到不同意见（这是最正常的状态），就意味着必须进行谈判。但现实是，根据统计，世界500强企业的所有计划交易中，只有20%左右达成协议，80%的交易因为相关人员不懂谈判而失败，这造成了巨大的资源浪费和损失。世界500强企业的高管中都有95%的人没有系统学习过如何谈判，更不用说普通大众了。

王牌对王牌

谈判在生活中无处不在，电影中经常上演扣人心弦的谈判剧情，讲述谈判专家在最艰难绝望的时刻救下人质，化险为夷。由F. 加里 · 格雷执导，塞缪尔 · 杰克逊、凯文 · 史派西主演的犯罪动作电影《王牌对王牌》就是最为著名的国外谈判题材电影之一。

《王牌对王牌》改编自美国圣路易斯警察局处理过的一个真实案件。电影讲述芝加哥警察局谈判专家丹尼 · 罗曼的搭档因为准备检举警察局内部侵吞公款的事而遭人暗杀，丹尼 · 罗曼被真正的罪犯诬陷为犯罪嫌疑人，走投无路之下只好通过挟持人质，从调查员泰伦斯 · 尼巴姆口中问出事情的真相。丹尼 · 罗曼提出要求，希望警局派出另一分局的谈判专家史宾恩与他交涉，进而证明自己的清白，为自己洗刷冤情。之后，两名谈判专家就谈判的控制权、丹尼的清白进行了激烈的谈判，最终丹尼 · 罗曼沉冤得雪。

谈判中的王牌，其实是指在谈判过程中，双方在关键时刻运用各种谈判策略，让彼此妥协，实现互利共赢的重要筹码。谈判无常，形势与力量对比随时都会变化，因此拥有王牌者往往可以反客为主，主导谈判。本书致力于揭示谈判的规律和如何找到王牌。

美国联邦调查局曾逮捕了苏联的一位秘密特工，他买卖机密文件，导致美国遭受很大的损失。苏联克格勃非常恼火，迅速采取报复行动，逮捕了一位美国记者，提出要用该记者换回那名特工。用一名普通记者换特工，筹码明显不够，美国无动于衷。苏联利用各种人脉，找到了在美苏两国都有从商经验的大人物阿曼德从中协调，并提出用早前被苏联拘捕的一位美国著名军火商和该名记者一起作为交换条件。这位军火商人对美国政府非常重要，所以这个条件立马打动了美方，双方迅速成交。这位军火商就是这场谈判中苏方的制胜“王牌”。

政治经济领域中的谈判

在著名电影《至暗时刻》中，丘吉尔在面临与希特勒决战还是议和的重大决策上，与当时的英国议会主降派意见不同，两方进行了激烈的谈判和辩论。一边要与联军谈判，一边要与敌军抗争，外表意气风发的丘吉尔，内心却痛苦不已。谈判即沟通，是心理博弈，有时耗神烧脑。

商界的谈判更是比比皆是。宝钢经过艰苦谈判完成部分工厂从上海宝山迁移到湛江的工作，本书序言的作者吴玉华就是该事件负责人。笔者曾遇到一个加拿大企业客户，在咨询过程中，为了说服加拿大总部因地制宜，采取适合中国的本地化营销策略，笔者飞到温哥华与其高管讲了三天三夜中国的微信、社交媒体及中国电商的特征，最终谈出一份适合中国的执行合同，真正帮助加拿大的产品更好地进入中国市场。在商场，我们如果想服务好客户，必须精通谈判。

30 年前就是一流商人的唐纳德·特朗普也是一个谈判高手，从他身上我们可以学到太多东西，本书会介绍一些有关特朗普在商界经营时不为人知的谈判案例。

纽约曼哈顿是全球金融中心，一栋栋高楼耸入天际，鳞次栉比，是许多人的梦想之地。在华尔街 40 号，有一座建筑面积约为 130 万平方英尺（约 12 万平方米）的地标性建筑，这就是著名的特朗普大楼。随着 2016 年特朗普担任新一届美国总统，这栋大楼也成了许多纽约观光者们的必到之处。该大楼位于曼哈顿纳苏街与威廉街之间，原本被称为曼哈顿银行大厦，是美国华尔街的标志之一。

20 世纪 90 年代，纽约房地产市场低迷，香港某集团低价购入该大楼，在花了几千万美元后，因为各方关系处理不好，这栋楼成了该集团的烫手山芋，让集团损失惨重。初次涉足纽约地产业的该香港集团给之前联系过他们想买该大楼的特朗普打电话，询问他是否真想买下这栋建筑。其实特朗普当时也捉襟见肘，危机重重，根本没有经济实力购买，但作为嗅觉敏锐的地产商人，他觉察到该香港集团的售楼意愿非常迫切，这时候谈判对自己非常有利，这是一次能让他扭亏为盈、彻底翻身的难得商机。摸清底牌后，特朗普当时提出了非常苛刻的三个谈判要求：第一，只出 100 万美元买楼；第二，物产留置权归特朗普；第三，希望重新签署土地租约，将期限延长 200 多年。为避免更多因为不熟悉地产业带来的亏损，急着脱手的该香港集团竟然毫不犹豫地完全同意了特朗普这些苛刻无理的条件。特朗普运气很好，在他购入华尔街 40 号后，纽约房地产市场迅速复苏，曼哈顿的商业大楼和住宅价格都节节攀升。目前特朗普大楼每年租金为 2000 多万美元，价值超过 5 亿美元。商业直觉、判断力和谈判能力帮助特朗普从财务危机中走出来，迅速成为富豪，他再也不只是含着金汤匙出生的纽约富二代，而是靠自己的谈判能力和商业能力独立自强的风云人物。①

生活中的谈判故事

每个国家、组织乃至个人，都希望在谈判中用智慧找到自己的“最佳出价”（best offer）和谈判王牌，实现双方的利益平衡，互利共赢。除了国与国之间、企业与企业之间，在普通大众的日常生活中，谈判也是无处不在的。我们把一个普通人从早上起床到晚上睡觉的时间制成一张“一日谈判旅程图”，把这一天遇见的人、碰到的事串起来，就会发现，其实我们无时无刻不在谈判。

以杰克和罗丝这对夫妇为例。一早起来，他们发现昨晚一直正常工作的空调出问题了，于是花 600 美元换掉了已经坏了的一些零件，但空调的制冷效果还是不太好。他们拿零件去鉴定，结果发现换掉的零件没有问题，原来他们被修理工骗去了 600 美元，

① 参见唐纳德·特朗普、梅瑞迪丝·麦基沃著《永不放弃：特朗普自述》，上海译文出版社，2017 年。

看来一大早就需要和空调维修公司谈判了。到了中午，罗丝接到一个汽车销售员的电话。因为罗丝很想买辆新车，怕杰克不同意花太多钱，虽然对车的报价已经比较满意，但是她认为还能将车的价格再压低一点，所以她说要找老公商量一下（这样相当于罗丝向销售员表达了她老公才是谈判的真正决策者），给销售员一点压力，争取再次压低车价。下午大部分时间，夫妻俩都在各自的公司开会，财务部说各部门削减 50% 的预算，所有部门经理都在进行无休止的争吵，以努力恢复他们部门新项目的预算。而几个小时之后的晚上，夫妻俩下班逛商场，看到了一件令人心动的新大衣，标价 590 美元，罗丝反复看了大衣后，对店主说："能不能便宜点？"店主说："那你给我个价吧？"罗丝想了一下，说："460 美元怎么样？"店主二话没说，取下大衣给了罗丝："衣服归你了，赶紧付钱吧。"于是罗丝犹豫了，心想自己一定是被宰了，大衣的价格其实可以更低，正准备反悔，这下店主的暴脾气上来了，火大地说："不是你自己报的价格吗？怎么能不要？"罗丝又要面临令人身心疲惫的晚间谈判了。

很多商业上的谈判就是这样的。一位秘书经常代表她的公司出去和客户谈判并最后定价，每次她都非常爽快地给出己方的真实底价，觉得自己已经给出底价了，能成就成，不成拉倒。她认为讨价还价是个浪费精力的过程。后来她发现，无论给再低的价格，别人都会认为价格可以更低。有时候她给了低于市场价的实惠价格，对方还希望再降价，总觉得还有谈判空间。后来，这位秘书改变了原来一降到底的谈判策略，明白谈判是个不可缺少的心理博弈过程，只能双方一步步趋向平衡点。

笔者曾整理过 2017 年的中国拆迁赔偿谈判案例，并做了一些总结。某土地项目前后涉及 550 多户家庭的拆迁事宜，政府谈判团队由 20 多位工作人员组成。该谈判团队效率很高，管理得当，一年内除极个别钉子户外，大多家庭均得到妥善安置。据该团队反映，他们面对的谈判对象中有几类让他们难以应对：第一类是比工作人员更擅长谈判、有更丰富的谈判经验的人，他们大多数是公司管理层，有些是项目开发者，有的已经成为谈判行家，往往比谈判团队更有能力和影响力，可以影响谈判结果；第二类是有大量土地项目管理经验，对国家土地政策和信息了解得比谈判成员更透彻的人；第三类是通过谈判沟通，与谈判人员产生了默契和情感的人，谈判人员确实想帮他们在政策范围内争取合理利益；第四类是和谈判人员是朋友的人，谈判人员怕结束一次谈判就少一个朋友，甚至多一个仇人。普通谈判者仍然存有“不是你赢就是我赢”“非赢即输”的谈判思维，没有以共赢谈判思维去沟通，从而不能妥善解决问题。

世界卫生组织称，预计到 2020 年，抑郁症将成为人类第二大疾患。因为大多数人没有学过谈判策略，所以在事业、婚姻、恋爱、生活的谈判沟通中会遭遇各种各样本可以避免的负能量和伤害，而成为谈判高手可以帮助我们更好地处理分歧，谈判的心理技巧和智慧能帮助人们更好地承受生活中的负能量，比如压力、愤怒、恐惧等，既保护自己，也避免伤害他人，传递正能量。

有谈判专家甚至做过这样一个统计：生活中 90% 的冲突不是因为利益本身，而是因为我们说话沟通的方式。如何通过谈判赢得想要的一切，就是我们这本书想给大家揭示的秘密。

谈判学的发展现状

在现代社会，想要获得成功、幸福，懂谈判、懂心理学是非常重要的。谈判明显影响人际关系，包括情侣和家庭成员之间的关系、工作中的同事关系，更影响财富增长方式和职业生涯。

“谈判”（negotiation）一词来自拉丁语，直译是否定欲望、拒绝快乐。在生意场上，拉丁语“谈判”的意思是贸易（negocio）。用中国话来说，谈判就是“商量”，是一种通过沟通达成共赢，有商有量的方法。最经典的谈判案例是“分橙子的故事”。在两个三岁的孩子面前放一个橙子，他们会不约而同地去抢橙子。传统思维是抢到了就算赢，抢不到就算输。但是现实生活中，AB 双方可以通过谈判沟通，发现 A 需要橙子皮，B 需要橙子肉，最后合理分配，各取所需，完成谈判。因此谈判即沟通这个理念就显得特别重要。

谈判学的历史上有一些重要贡献者和著作，是谈判学领域里程碑式的存在。笔者杨杜泽与阿罗（Arrow）、卡尼曼（Kahneman）、特沃斯基（Tversky）等三位诺贝尔经济学奖得主及其他一些国际知名的谈判专家合作出版过一些书，其中与哈佛商学院教授戴维·拉克斯（David Lax）和詹姆斯·西贝尼厄斯（James Sebenius）一起合作出版的《谈判》（*The Manager as Negotiator*）尤为畅销。

另外，我们与来自巴黎高等商学院、欧洲谈判学院，同时也教授哈佛大学法学院谈判课程的阿兰·朗博乐一起开发过谈判学课程，这门课程至今是麻省理工学院和哈佛大学最受欢迎的公共课程。在巴西，我们还出版了《复杂谈判手册》（*The Manual of Complex Negotiation*）一书，研究哪些方法适用于欧美成熟市场，哪些方法更适用于新兴国家，例如巴西、印度、中国。

劳伦斯·萨斯坎德（Lawrence Susskind）也在谈判学领域贡献卓著，我们对他充满感激，不仅因为他是发明共赢概念和方法的学者、哈佛大学谈判课程的创始人之一，是杨杜泽在麻省理工学院的博士后导师，更是因为他是谈判领域知名的实践者，其著作《打破罗伯特规则》（*Breaking Robert's Rule*），具体讲述了美国国庆日当天，美国某市政厅如何处理一场涉及多个利益相关者的谈判对话，被西方谈判学界奉为经典。这个谈判对话影响了我们在法国、巴西、意大利、中国等国的政府谈判服务，产生了世界性的影响力。

谈判学界另一本重要著作《解决冲突的障碍》(*Barriers to Conflict Resolution*) 秉持“全球一家”的理念，由来自哈佛大学、麻省理工学院、斯坦福大学的著名教授，法国、巴西、中国的谈判专家共同创作。其作者包括肯尼斯·阿罗，著名诺贝尔经济学奖获得者，其研究涉及协调成本、团体决策效率等问题；还有巴西 FGV 大学（格图里奥·瓦尔加斯基金会大学）的教授，该所大学在全球 105 个城市设有办事处，是巴西最有影响力的组织，曾被评为全球第四公共政策智囊团。该书的作者还有来自斯坦福大学的教授，包括 L. 罗斯、A. 特沃斯基。特沃斯基教授是诺贝尔奖获得者，其研究领域涉及危机中的行为管理、信息及决策科学。这些研究被广泛应用于市场营销和神经科学，包括另辟蹊径解决冲突的方法，他告诉全世界的读者在何时应用何种方法解决分歧。该书提出谈判的目的并非不惜一切代价让对方同意你的看法。消灭他人意志，强加意志给对方，双方都会感觉痛苦。己所不欲，勿施于人。

另一位对谈判学做出重大贡献的学者是萨拉克斯。在他看来，谈判就是一个沟通和认知的过程，谈判双方希望通过共同行动获取共赢。实际生活中，因为利益相关者不参与决策过程，我们大部分时候做的决定都被无视，最后得不到贯彻实施。如中央集权做出决定，强迫公民遵守，往往得不到贯彻。而如果公民参与了决策过程，就会更加明白为什么会有这些规章法律，并将更好地执行。

世界各大学也在开发自己的谈判学模式，因为不可能简单概括出一种放之四海而皆准的谈判方法。另外，如今是数字经济、跨境电商、人工智能、大数据、区块链的时代，谈判在很大程度上是基于全球化背景，我们必须用与时俱进的方法处理不同的文化及个体需求，具体问题具体分析。在这本书里，我们也试图对谈判者类型进行分析，剖析不同谈判者个体的内在精神需求，呈现人与人、组织与组织、企业与企业、国与国之间的不同，并阐释如何处理这些由文化和个体差异带来的冲突，通过沟通理解达成互利共赢。

从不同文化交流的角度来讲，过去在西方，有家庭纷争需要谈判时，需要宗教领袖来做调解人。而今天，在很多情况下，人们都是通过法律来解决冲突。在学校里，学生和老师有矛盾，会去找学校管理者，因为管理者对他们来说是公正的道德权威。而通过阅读本书，我们会学到，除此之外其实还有别的解决冲突的办法，应用心理学、经济学、管理学、谈判学的相关知识，当然也包括法律和道德，都可以更好更快地解决冲突，实现双赢。光有谈判策略是不够的，还必须要有一种共赢的思维方式，比如本书介绍的新型谈判学倡导的为人处事之道和价值观。

谈判的误区：非赢即输

我们曾经对参与过我们的谈判培训的几万名学生提出过同样一个问题：“哪五个人是人类最杰出的人？”他们大多都给出了这几个人的名字：甘地、特蕾莎修女、曼德拉、耶稣、马丁·路德·金。我们都喜欢这些内心充满仁慈、善待他人的人，但自己却往往难以做到像他们一样。因为复杂的现实生活中充满竞争和压力，每个人都生活得不容易。运动场上，教练觉得运动员不够优秀，不能给团队带来成功或胜利，就会无情地将其撤换；有些大公司或者大学甚至劝退患癌症的学生或员工，认为他们已经对集体无用；婚姻中的男女很多会因为另一半没钱或挣钱少而提出离婚。在类似这样的案例中，他们的思维不是合作，而是对立，是你赢我输、你死我活。而在广泛的现实生活谈判中，只有 20% 的谈判可以实现双赢，80% 是冲突对立和斗争，后者就是本书讲的新型谈判学摒弃的过时落后思维。

除了上面提到的谈判的误区，这里不得不提一下会影响谈判过程和谈判结果的因素。哈佛大学法学院最新发表的《新冲突管理：有效避免诉讼的解决策略》（New Management of Conflicts: Avoiding the Solution and Strategy of Lawsuits）一文阐述了此问题。

第一，谈判者的谈判信念影响谈判效果。有的谈判者认为谈判靠天赋，有谈判天赋就能谈成功，反之则不能；有的则认为谈判力是一种可以后天习得的技能。美国加州大学伯克利分校的研究者劳拉·克瑞和宾夕法尼亚大学教授麦克·哈斯哈姆指出：如果人们认为谈判力可以习得，他们在谈判过程中会较为积极，因为其具有科学发展的成长型思维（growth mindset），更容易获得成功。如果人们认为某种资质是先天的，那他们就具有固定思维

（fixed mindset）而非成长型思维，很少会去努力改变自己的社会地位和生活品质，这样自然无法获得想要的成功，谈判也是如此。

第二，自私与利他的谈判者品质会影响谈判效果。自私的谈判者需要对方做出更多让步以实现自己的利益，这将无法达到理想的谈判品质。所以谈判中需要考虑将自己的利益与他人利益有机结合，创造有格局的双赢或多赢，谈判才能成功。李嘉诚告诫其后代：在商业中，如果可以拿 6 分，就拿 5 分，让利给合作伙伴 1 分，这样合作伙伴会越来越多，企业和个人才能走得更远，关系也会更和谐。利他就是要想着怎么帮助对方提高幸福指数，减少痛苦，实现目标需求，这也是为什么马云、董明珠等人会提出“客户和员工第一”，ZOOM 创始人袁征会提出“老板让员工高兴—让客户高兴—老板才高兴”的能量链。利他的谈判才能让对方更容易接受我方的建议和方案。因为谈判最重要的是通过双方博弈，让对方做出让步妥协。千年前的《孙子兵法》就指出，不战而屈人之兵，让对方朝着对我方有利的方向走才是上策，谈判的心态本就不该是自私的，否则即使短暂获利，最终仍走不远。

第三，高智商和高创造性人才影响谈判表现。高智商一定影响谈判表现，但高智商谈判者并不一定能比他人获得更多利益。布鲁斯·巴瑞和雷蒙·佛里曼在1998年的一个个人谈判研究中发现，高创造性、高智商的谈判者善于创造更多谈判方案和共赢价值，但是在价值分配和谈判水平上未必一定高超，通俗来讲，他们能做大蛋糕，但不一定会在切分蛋糕时为自己争取更大利益，其中涉及情商与道德等其他因素。

第四，谈判质量还跟谈判目标的明确程度有关。2014年夏天，美国总统奥巴马和其他国家领导人就曾努力说服俄罗斯总统普京放弃对乌克兰的侵略。在《华尔街日报》的一篇评论文章中，里根时期的驻联合国大使、美国军备控制与裁军署署长肯·阿德尔曼写道，通过最近解密的里根与苏联领导人戈尔巴乔夫的谈判记录得到的一些谈判技巧，可以帮助西方领导人更有效地接近俄罗斯领导人。阿德尔曼说，里根1980年成为共和党总统候选人时，制定的总统任期的主要目标是“赢得冷战的胜利”。在确立总目标后，里根在他的两届任期内坚持不懈地追求这一目标。在与苏联的谈判中，里根采取了非常强硬的“我赢，你就输”的谈判方式。虽然这不是双赢思维，但也表明谈判目标与谈判质量的高度相关性。1986年10月，在冰岛雷克雅未克举行的有关军备控制问题的峰会上，戈尔巴乔夫向里根至少抱怨了 10 次，说苏联做出了所有让步，而美国没有做出任何让步，这不公平。阿德尔曼认为，在国际政治和商业谈判中，“我赢，你就输”的谈判思维将双方发现新的合作和交易方式的可能性大大降低。然而，当你与那些固执己见、拒绝合作的同行谈判时，应该向里根学习，即在进行关键谈判之前，先明确总体目标，设定明确的底线，对方越界则坚决抵制，然后慢慢将对方往目标上引导，最后获得成功。

但在谈判过程中也存在另外一种情况，就是谈判者越谦卑恭敬，放下身份，不想着去捉弄或羞辱别人，越会让人感觉到谈判的诚意和优势。很多大企业家刚开始创业的时候，真诚对待客户，诚实说明自己初创公司，无法承担太大的订单，最后客户帮其投资，扩大生产。生活中的谈判更是如此，生活中的谈判对象往往是我们的邻居、朋友、同事，或是一些需要你保护或曾保护过你的人，更应该善意对待。巧妙使用谈判策略，能让我们的生活更加和谐幸福。

第五，谈判团队也会影响谈判效果。哈佛大学法学院有关谈判研究的最新数据显示，当今社会，团队谈判的存在是一种常态，但是团队的作用和成果难以预料。很多团队内部会产生不和谐、互掐、内耗、倾轧等问题，团队规模越大，分裂风险越高。为判断和预测团队中的对抗和负面风险指数，消除负面效应，香港中文大学和美国西北大学的教授们做了一个有趣的测试，发现团队的合作情况与成员的年龄、性别、种族、肤色、文化背景息息相关。以四人团队为例，如果团队由两个40多岁的白人男性和两个20多岁的非洲黑人女性组成，那么这个团队就非常难以融合，因为成员特征明显，实力相当，互不买账；如果团队是由一位亚洲男性、一位西班牙女性、一位非裔美国女性和一位白人男性组成，该团队发生冲突和分裂的概率就会小很多。因此，团队成员的融合非常重要，需要管理者的理性思考和智慧。

同时，谈判团队并不是人越多越好，而是越精越好。从团队规模来看，有研究表明，当一个团队人数小于20人时，团队更能互相合作和信任，但是超过20人，竞争加剧，摩擦也会增加。团队里永远不要纳入不必要的人选。人类学家称，虽然一个手机微信账号可以加5000多个好友，但是真正与你互动频繁的，不会超过 150 个人。因此团队应追求“量少而精”，这样大家往往团结一心，目标一致。

在谈判过程中，要谨慎选择有发言权的成员，避免未经授意或持反对意见的陈述出现，避免选择掌控欲过强或过弱的人，也要避免心智不成熟或有明显缺点的成员被对方利用。谈判中如果是一对多，不要担心自己寡不敌众，应该积极思考，相信这会是自己大展身手的好机会。

什么是新型谈判学

传统意义上的谈判者总想尽一切办法将对方视作对立面，将自己的意志强加到对方身上。“谈判”这个词最初的内涵是负面的，是痛苦、肉搏、批判、挣扎、斗争，我必须说服我的客户，让他们听我的，以达到我自己的目的，很多人至今也是这么做的。很多人一想到谈判就头痛，大多数人的想法如法国哲学家萨特所言“他人即地狱”。但我们提倡的新型谈判学，是用一种全新的方式，将与对方的讨论视作一种正面的沟通机会，一种让我们大家都变得聪明、彼此从对方身上学习以实现共赢的机会，让谈判者和谈判过程具备更大可塑性。

人类生来就具有两面性，创造性和破坏性。人很容易活在负面且有破坏性的情绪里，且会试图为了个人生存发展将别人的东西据为己有，具有侵略本性，而现代生物学和心理学也证明如此。如果大家读过马丁·塞利格曼的著作《真实的幸福》(*Authentic Happiness*)，就会知道，一个婴儿刚出生时就有和人相关联的需求——去分享，被抚摸。如果婴儿不被抚摸、没有得到真挚的感情，那么他的大脑发育就会受到影响，继而影响各种能力。所以，婴儿渴望被抚摸，渴望与人交流积极感受，如果没有这样，可能他会像“小恶魔”一样时刻想着破坏或占有一切，这是“缺爱”的表现。

但时代不断前进，我们进入了共享经济时代，人们热衷于分享，人人都在分享信息、想法和状态。过去我们说“我思故我在”，现在我们说“我分享故我在”。著名管理学者亚当·格兰特的作品《给予与收获》(*Give and Take*)讲述如何给予快乐。美国前总统比尔·克林顿也写了一本书，名为《给予》（*Giving*）。给予能够带来更多的快乐，换句话说，快乐不是仅仅来自获取，也来自分享。我们正进入一个透明的分享时代，人与人相处和谐，所以快乐。哈佛大学一项长达 75 年的研究结果表明，高成就不是幸福的源泉，和谐的人际关系才是。

已故谈判专家罗杰·费希尔在谈判学领域贡献卓越，他曾经与威廉姆·尤里、布鲁斯·巴顿共同完成了《谈判力》（*Getting to Yes*）一书。他说，交流是双向过程，这个过程应该以商量、参与为基础，以共同决定为目的。我们为什么要谈判，因为我们需要认可、理解、喜爱及信任，让对方最终按照双方共同的决定去行事。

以命令的方式做决定已经过时了。猜猜谁最喜欢新型谈判学课程？居然是法官和将军这类威权者！有次杨杜泽在法国西北部的鲁昂高等学院授课，他问一位将军："你为什么这么喜欢学谈判学，你的职业决定了你的工作是可以垂直向下命令下属的，你只需要监督他们就行，这个过程中存在谈判吗？谈判和你的工作相关吗？"这位将军说："你完全想错了，我们的组织绝对是水平决策的。比如，当需要搭建营帐时，我不会单方面做决定，我会问中尉、上尉、少校、上校和我身边人的想法，倾听别人的观点，并分享自己掌握的信息。在这个集体中，我负有做决定签字的领导责任，但大多数时候，我们都会像古代印第安人那样聚集在一起，商议辩论，最后达成一致，获得最好的决策。这就是领导力所在。如果我直接下命令而不听取大家的声音，大家很可能会暗地里反对我，或拖延着不好好干。而且这样的决定也可能会有大问题，我选择的地点可能会有发生飓风或水灾的风险，这将毁掉一切，尤其毁掉大家对我的信任。所以，我需要通过和大家谈判协商的方式，对风险、信息及决定进行管理，而不是以将军的身份去直接下命令，去霸道地单方面做决定。我需要的是一个大家共同决定的民主方式。”

就这个问题，我们也问过一位来上课的法官。她说：“作为法官，我的工作就是谈判。”我们问：“可是你的职业看上去是落锤，去代表大家做决定啊。”她说：“错了，我的工作是听取 A 律师和 B 律师的看法，并且和他们一起探讨学习，最终共同做出决定。也许赞成与反对的人是 2∶1，或 1∶2，又或是 1∶1∶1。正是因为他们参与了整个判决协商过程，所以最终才会毫无怨言地接受我的判决。而如果我不进行这样的谈判沟通，直接强制性地做一个单方面的决定，有人可能会上诉，会有别的法官来取代我。更糟糕的可能是，他们会在庭外以暴力解决问题。法庭内发生了不公正的事情，困惑无助的人们只能去庭外以暴力报复，以争取他所认为的正义。如果有负面事件产生，我回家睡觉时也觉得良心不安。如果有人说根本没看明白整件事的来龙去脉，判决不公正、不专业。我会陷入自责。”

在墨西哥湾有个钻井平台，某企业在招钻井施工的供应商，提供 100 万美元的费用并要求一个星期内完成钻井。但供应商要求给自己两个星期，费用为 200 万美元。采购经理认为时间就是金钱，一周必须完成，开支要控制在 100 万美元以内。他的理由是，别的供应商可以做，之前都是这么做的，这次也这么做。此时供应商发出警告说，这样做有风险，如果工作不扎实，平台可能会有震动，甚至可能爆炸。可采购经理说，这种事情从来没有发生过，就一个星期，要么干要么走人。假设这个供应商就此妥协，接受一周、100 万美元的提议，从表面上看，这个企业的采购经理达到了目的，成为谈判赢家，而供应商本想要 200 万美元，现在只有100万美元，还受到了威胁，心里很不舒服，他是输家。

实际上，虽然采购经理是赢家，但他只赢了一天，因为第二天平台就爆炸了。人员伤亡惨重，原油大规模泄露，双方闹上法庭，首期赔款多达2000亿美元。后来企业去和当地的非政府组织及相关官员磋商，最终赔款额为90亿美元。换句话说，为了省100万美元，这个企业多花了89亿多美元。这个采购经理理性吗？他是个好的谈判者吗？应该没有比这更差的选择了。因为他将供应商视作敌人，不接纳对方意见。实际上，谈判本应该去考虑并且接受对方的立场，从而辩证思考自己的观点，最终有依据地改变原本的提案。

新型谈判学是什么？它的作用是什么？新型谈判学是一种帮助和促进谈判双方最优化谈判成果的新型谈判思维和谈判策略，可以使互利共赢的可能性最大化。了解生理学、心理学相关知识，可以帮我们了解谈判者如何决策、如何思考，理解自己和对方，合理处理谈判中的身份识别，创造谈判价值。过去的谈判学一直主张谈判是个拒绝快乐的过程，言下之意：谈判是痛苦的博弈。谈判已经革新，从过去的威权为唯一谈判手段，发展到现在权力仅是一种谈判策略和影响因素。新型谈判凝聚了中国的《孙子兵法》和西方谈判从对抗到共赢思维的谈判智慧。新型谈判学是对风险和决策的管理，综合了博弈论、生理学、心理学和数字时代的相关知识，相信如果谈判者们拥有了共同的理性、友善待人的思维方式、相近的沟通语言和谈判技巧，就更有可能实现合作共赢和经验共享。新型谈判学还通过其“四步骤＋十要素＋二十六策略”的思维框架去分析各种谈判实例，建立谈判社群，提供家庭成员、同事在生活工作环境中的谈判解决方案，最大化成交的可能性，最大化谈判产出和谈判成交的价值。谈判者运用新型谈判学的谈判过程是道德的、优雅的，其目的是互利共赢，是为了最大化双方利益，创造更高价值。

具体来说，新型谈判学首先能帮助你提升业务交易达成率，获得谈判多方的认同，提升谈判绩效。我们在书中将会提到新型谈判的四个阶段、影响谈判的十大要素，以尽可能防止对抗性沟通，从而更好地合作，把价值和蛋糕做大，把谈判的风险降低，使利益相关方获得有效激励和动力，让谈判者提升核心竞争力。

很多人可能会问，在市场上非常火爆的“哈佛商业谈判学”“哈佛谈判心理学”等体系下的谈判方法和本书所倡导的“新型谈判学”之间有什么异同。首先，哈佛商业谈判理论和新型谈判学属于不同的谈判思维和派别，新型谈判学是在总结之前所有谈判学理论和实践的基础上形成的新时代的谈判学，是在数字经济、人工智能时代，与时俱进，创新谈判理论与实践的成果。举例来说，哈佛谈判学指出，影响谈判的因素是七要素，新型谈判学在此基础上，与时俱进地增添了时间等三个影响谈判的要素。和哈佛谈判学一样，我们已经拥有众多的追随者和学习者，并自成一派。新型谈判学的学习者熟练掌握新型谈判学所倡导的优雅道德和互利共赢思维，将“四步骤 + 十要素 + 二十六策略”的理论框架和实际操作方法和策略，以及新型谈判学的精髓和理念广泛应用于每个人的学习生活和工作中。

根据统计，人们的许多宝贵时间都是用于和他人进行沟通与谈判，而一个人的成功很大程度取决于和他人沟通和影响他人的能力。这是一种专业度很高的重要软实力，我们需要了解人与人之间的不同，知道如何处理这些不同。我们看到无数人因为无法正确处理家庭中的夫妻关系，工作中上下级思维不同，造成家庭悲剧和利益损失，新型谈判学可以帮助我们识别身份，了解不同，掌握正确思维方式，实现个人价值和共同价值。新型谈判学是一种可以带给我们共同利益，让我们更快成交，在谈判过程中享受更多愉悦和价值，大大降低谈判对抗性和负能量的方法。

按照一万小时理论，成为谈判高手，需要阅读半个图书馆的书，或在专家谈判团观察八年。因为学习专业谈判的有效方法就是观察顶级高手如何处理冲突、实现共赢。本书的目的在于向大家展示提升谈判效率的方法，让大家建立正确的谈判价值观，掌握谈判策略、心理分析及谈判技巧，展示古今中外谈判专家多年来总结出的谈判案例。没有经过系统学习的人谈判成功率大致在20%~30%，谈判专业人士却可达到80%以上，这就告诉我们，谈判有很大的学习提升空间。我们将通过大量的案例分析，向大家展示谈判为什么失败，又为什么成功。通过分享我们的工作经验，帮助大家应对在生活中跟父母、兄弟姐妹、同学、老师的谈判，随着年龄的增长、阅历的丰富，应对更难以招架的老板、同事、竞争对手。希望读者能尽快转变为新型谈判者，跟上时代，感知并享受新型谈判带来的智慧和价值。

全世界已经有接近100万的谈判者学习并使用了新型谈判学，我们希望通过此书，帮助大家尽快掌握谈判过程的四个步骤

（谈判准备、谈判创造、谈判分配、价值实施），熟练使用身份识别（创造价值、道德优雅、高情商谈判）、利益、认知、时间等影响谈判的要素和萨拉米策略、钳子策略等谈判策略，赢得想要的一切。

另外，为应对数字时代的到来，我们在法国和巴西开发了RING平台，我们更愿意在数字时代，为广大读者提供“AI+”（人工智能+）新型谈判策略，为数字经济时代的新型谈判学贡献大数据和谈判解决方案，提供消除冲突的智慧，关于此，下一章将做重点阐述。最终，我们希望将和谐创新谈判、智慧正能量传递给每一位渴望生活幸福的读者。

PART 2

数字经济时代与心理学、生理学推动新型谈判学

数字经济时代下的谈判

数字经济的超强渗透力和万物互联的未来

过去这几年，国内先后掀起了一波又一波的经济浪潮，为了实现与国际接轨，国内把越来越红火的知识经济、信息经济、分享经济相关概念统一升级为国际通用的“数字经济”。腾讯研究院的数据显示，近两年，中国的数字经济发展迅猛，2016 年中国数字经济规模达到 22.6 万亿元，同比增长 18.9%，占 GDP（国内生产总值）比重达到 30.3%，对 GDP 的贡献达到 70%。这些数字还在以非常惊人的速度攀升，数字经济已经成为世界上拉动经济增长、推动产业转型的重要引擎。在新的信息技术革命过程中，预计包括传统制造业、消费业等在内的各个领域都会发生“数字化蝶变”。2020 年，中国数字经济规模将超过 32 万亿元，占 GDP 的 35% 以上，到 2030 年，数字经济占 GDP 的比重会超过 50%，中国将全面步入数字经济时代。

由微软、亚马逊、甲骨文或国内遥遥领先的阿里巴巴、腾讯主导的云计算，以及各科技巨头相继大量投资研发的人工智能，使得数字时代硝烟弥漫。

数字经济的大力发展离不开信息技术基础设施的支撑。腾讯研究院的大量数据显示，当下中国的信息技术基础设施水平已经位居世界前列。全世界各国的“宽带信息技术革命”战略都在如火如荼地大力发展着，我国在这方面也取得了卓越的成就。截至 2018 年 12 月，中国的网民数量为 8.29 亿，互联网普及率为 59.6%。云计算、物联网等信息基础设施完备，网络信息技术产业规模和此类国际出口全球第一，已经在制造业数字化、农业数字化、交通医疗教育数字化、政府企业数字化等多方面有很大的进步，中国跨境电商的销售数字化达到世界领先水平，也产生了很多“互联网 +”数字经济的成功案例，比如阿里巴巴的淘宝和天猫，网易考拉。海尔集团、长安汽车、宝钢集团、红领集团等很多实体经济企业也有数字化、智能化的成功案例。

科技在未来人类发展中扮演重要角色，在这样的背景下，政治、经济、商务或生活谈判都随着生活方式的不断更新而变化，每个人都需要与时俱进。

数字经济对谈判的显著影响

在数字经济时代，谈判领域发生了巨大的变化。首先是在谈判的各个阶段中，有更多方法收集更为精准的信息，谈判者对形势和谈判对象的把握更加精准、清晰、透明，能更大程度在大数据、人工智能等高科技手段的基础上做出科学的信息化决策。

其次，数字经济对谈判的显著影响体现在整个营销系统中。笔者王赛在《数字时代的营销战略》一书中曾提出数字时代营销的 4R，其实这 4R 也反映出谈判在数字时代的变化，所有谈判最后都要回归到双方共赢的价值逻辑上。

用户识别（recognize）。通过大数据追踪消费者的网络行为，如对 cookie（储存在用户本地终端上的数据）的追踪、SDK（软件开发工具包）对移动数字行为的追踪、支付数据对购物偏好的追踪，这些行为追踪的打通可以形成精确的、属于个体的用户画像。反映在新型谈判上，高端谈判者要建立起对方的信息库，找到对方谈判的决策结构，比如谁是谈判的受益者，谁是潜在利益受损者，谁是决策者，谁是影响者，这些人的个性、特质以及过往的价值声明、主张为何，都可以采取数字化识别的方式来进行画像。

数字化覆盖与用户触达（reach）。AR（增强现实）、VR（虚拟现实）、社交媒体、App（应用程序）、搜索、智能推荐、O2O（线上到线下）、DSP（需求方平台）等各种触达手段，基于用户识别实施触达，让技术、数据与客户融合。数字化触达一样适用于谈判。在第一步进行有效谈判者识别的基础上，要找出各种连接各利益方数据的数字化手段。记住，谈判远远不止面对面交流，好的谈判者可以在见面之前和面对面过程中，用数据圈出对方经常阅读的数字媒体，根据其痛点和价值点进行有效覆盖，甚至可以检测到对方是否点击和阅读某些信息，判断信息的影响深度。

建立持续交易的基础（relationship）。这是数字化覆盖与用户触达的后续步骤，将触达到的用户转化为客户资产，保证企业在“去中介化”的情境中与客户直接发生深度联系、互动。这种营销方式反映在新型谈判上，也可以叫作 ABM（account based marketing，目标客户营销），ABM 战略的实施依赖于你对目标客户（关键可能成交客户）尽可能多的了解，这样你才能够最大化相关性和产生共鸣。在谈判中，要用数据的方式来预测和建立双方共鸣点，有一些公司可以帮助你建立对手数据，如 ZoomInfo、RainKing、Netprospex、LeadGenius 等，DiscoverOrg 甚至可以提供带有联系人数据的组织图。这些数据信息可以帮助你预测对方谈判团队中的人物角色，你甚至可以分析出每个角色有没有点击你的组织所发出的信息，以决定下一步如何与这些角色进行沟通。

实现交易与回报（return）。在数字时代，所有的谈判形成数据闭环，用数据模型分析出关键达成因素，来进一步优化谈判策略。

随着人工智能技术的发展，出现数据向智能化演进的趋势，但仍跳不出 4R 范式。数字时代的谈判与传统谈判最大的区别在于智能化，可用算法来做判断和进行连接，机器在逐渐渗透人的角色，但不可能取代人去谈判。谈判是一种结合算法与心理学的综合谋略，但是如果懂得运用数字时代的关键武器，可以为你的谈判进行有效升级。

谈判的能量来源：梦想、意义与生理激素

当代生理学、心理学和医学等其他学科的进步也推动了新型谈判学的发展，促使谈判学者和谈判实践者思考如何总结和揭示新型谈判学的新规律。下面我们重点讲解现代生理学、心理学等前沿科学对新型谈判学的推动作用，找出生理学、心理学与谈判学的结合点和交叉点，揭示新时代背景下的谈判规律。

梦想和意义是影响谈判的精神因素

曼德拉选择放弃舒适生活待在监狱 27 年，以此反抗种族隔离政策。他为南非的长久和平做出了巨大的牺牲。类似这样的领袖和谈判者，他们会首先考虑社会责任。梦想和价值观这些精神力

量对谈判的影响至关重要。

我们曾问过一位心理医生："一般客户来找你咨询，主要原因是什么？"她说，主要的原因是他们不知道自己做事的目的是什么。很多人不清楚工作的目的和意义，一份能让自己安身立命的薪水可能不足以成为人们工作的动力。

谈判者中最突出的一种类型被称为企业家类型，他们充满想象力，善于打破陈规，走出舒适区，富有激情。法国作家维克多·雨果曾经说过，想象力是思维的支柱。人们所有的乐趣和享受都是由想象力和梦想激发出来的。莎士比亚也曾说，失败是因为没有梦想。

人在快乐的时候进行谈判，将更可能充满激情，并创造丰富的解决方案，从而有机会打破陈规。这种激情正是大导演斯皮尔伯格创造杰出电影、乔布斯创造苹果公司的动力来源，也是很多大企业家、那些与众不同的人的动力源泉。如果你工作时和所有人一样遵循一成不变的工作模式，必将不会有重大的突破。但如果你拥有激情，具有与众不同的创造力，那么很可能会脱颖而出。

生理激素是影响谈判的物质因素

在人们产生各种思想和行为的背后，大脑神经系统进行着种种细致微妙的工作，许多生理激素也在发挥不同的作用。了解大脑运作的一些基本常识以及生理激素对人的行为和心理的影响，能帮助我们更好地了解他人和自己，理解各种行为、反应背后的深层动因，这些对谈判不无启示。这里我们将向大家阐述大脑和生理激素对谈判和决策的影响。

边缘大脑之谜

谈判最原始的本能来自大脑边缘系统。知名广告人西蒙·斯涅克在《从为什么开始》（*Start with Why*）一书的序言中提到，大脑边缘系统的作用是确定一个人的梦想和欲望，并找到实现途径。比如，我们的所有感知功能，“这闻起来很香”“这人很帅，是我喜欢的类型”，都是大脑边缘系统告诉我们的。

买哈雷戴维森的人到底买的是什么？只是买了辆摩托车吗？实际上，他们买的不只是摩托车本身，还有一种身份、一种生活方式、一个有共同兴趣的社群、一种对自由和无拘无束生活的向往。哈雷戴维森用它那“轰轰轰”的响声、炫酷的外形，以及那些蓄着胡须的同类人群把你迷住了。所有这一切都创造和加强了你的身份感、归属感。与之相反的是，其他一些摩托车制造商会告诉你价格，告诉你他们生产了上百辆这样的摩托车，他们的摩托车能达到多快速度，但是你并不关心。除了哈雷戴维森，你找不到哪个摩托车品牌有这么多喜爱者，因为它影响了你的大脑边缘系统。所以，谈判的秘诀也是从影响对方的大脑边缘系统着手，然后再让对方做出理性的决策。

大脑边缘系统是控制感觉、感受和直觉的部位。艾米·卡特在其 TED 演讲中指出，一个医生和病人交谈一次就可以知道该医生是否会被病人投诉，原因是人们的大脑边缘系统会产生激素，告诉大脑你是否喜欢这个人。如果一个人不爱他人，不与他人深入交流，就无法产生激情和情感，无法真正打动他人。另外，专家们也指出，破坏性情感对谈判和生存都是有特殊意义的，愤怒、悲伤、害怕等负面情绪促使产生的激素都可以保护自己，让人们能更加遵纪守法，按照规定行事，远离危险。

我们与哈佛神经科学博士弗朗西斯·科唯雷拉、丹尼尔·高尔曼合著的书《温柔的桥》（*Gentle bridges*）中，解释了人类如何控制、处理情感和大脑是如何运转的。

血清素与内啡肽

人们去看心理医生可能是由于跟上级关系不融洽，或是因为失恋了想挽回自己的另一半，这些问题与血清素和内啡肽有关。血清素和内啡肽是跟逆境相关的激素。当你遇到问题或困难时，找到解决方法的那一刻，大脑会释放出血清素，这种激素能让你感到平静、快乐和幸福。换句话说，只要你遇到挑战，大脑就会分泌血清素和内啡肽。内啡肽也是一种可以让你减轻痛苦的激素。

但血清素和内啡肽并不总是好的，因为它们会阻碍多巴胺和肾上腺素的分泌，导致你很难对他人产生兴趣。

二战时期，英国军情六处本来想通过暗杀希特勒来结束二战，但是希特勒的严重战术错误已经使他们看到了胜利的希望。于是军情六处就处心积虑地把雌激素粉末放入希特勒每天必喝的咖啡里，因为这样可以让希特勒少分泌睾酮和皮质醇，减少侵略性，更容易犯错误，不那么好勇斗狠。你是否能想象，在1942年，人们已经开始探索将极富挑衅性、性格顽固、极其不理性的好战分子转变成为一个安静、温和的人，做法仅仅是给他服用雌性激素？根据调查，早上8—10点最好不要进行谈判，因为早上人分泌的皮质醇比较多，谈判者的注意力不易集中却更易产生恐惧感。

肾上腺素和多巴胺

人类学家海伦·费舍尔说，如果想让某个女孩子爱上你，可以带她去坐过山车或跳伞，这样这个女孩的身体会分泌大量肾上腺素，在跳伞或坐过山车后，一定要确保她第一个看到你，而非其他人，因为在产生激素的那一刻见到你，她会容易产生更多激素，从而对你拥有激情。与对方一起做一些刺激的事情，这将激发肾上腺素和多巴胺的分泌，加强彼此的联系。

催产素

海伦·费舍尔是杰出的人类学家，也是主张新型谈判思维的代表。她拍了一部优秀的视频《我们因何而爱》(*Why We Love Each Other*)，在视频中海伦用催产素做了一个测试，发现那些原本自私自利、谨小慎微、不信任、不参与，甚至对他人漠不关心的谈判人员，在被注入催产素后会变得友好并经常询问对方：你开心吗？你喜欢吗？这对双方都有利吗？这公平吗？这就是催产素的作用。

通常，女性在分娩时体内会分泌这种激素，并产生一种由衷的关爱及依恋情绪。催产素可以使母亲和孩子产生一种连接感，这种情感是爱的真正本质。催产素改变了人们的行为方式，制造让人培养情感的场景，让我们懂得关爱他人。催产素可以使人产生一种归属感，一种关爱感。

综上所述，生理激素对人的情感和感知产生影响，进而影响行为。具体到谈判过程中，它们则会以一些微妙的方式影响沟通与谈判进程。这方面的前沿性研究已经有了诸多发现，理解谈判桌上各种拉锯背后的深层动因，会给谈判者带来诸多启示。

传统谈判心理的新型演变

传统谈判心理类似掰手腕决输赢。谈判学培训中流行一种掰手腕的经典游戏。谈判初期，学员会有 30 秒钟的时间跟对方做掰手腕游戏。这时候一般谈判者的心态就是想尽可能赢得高分。在 30 秒内，大家都为了自己疯狂得分而使出浑身解数。假设这个游戏大概有 100 人参与，通常结果会是怎样呢？差不多 30% 的人能与他人分出高下，70% 是平局。在这 30% 的人中，有 60% 的人获得的比分是 1∶0 或 0∶1 或 2∶1，差不多就是目前世界上一般谈判者的水平。但如果用新型谈判学的思维，我们可以实现 10∶9 或 9∶10 或 10∶10 的比分。这中间的区别就在于拥有对抗性思维还是合作共赢的思维。传统谈判心理需要改变，因此我们提倡新型谈判学，用一种全新的方式，将与对方的谈判视作一个正面积极的沟通机会，一个可以从彼此身上学习，实现共赢的机会，让谈判者和谈判过程具备更大的互利共赢性。

谈判有时候跟谈判者的思维有关。比如商场促销时，看到大家都买，有的人虽然不需要这件物品，也会想买，甚至会在商店前排几个小时的队。有人像疯子一样去抢一个或许他根本不在乎的东西，只是因为其他人都在抢，自己也想有个一样的。其实他们真正需要思考的是，这是我真正想要的吗？

在南加州大学谈判课的一个模拟拍卖会上，笔者杨杜泽让一个中国人和一个日本人模拟竞拍一件物品，因为中日历史原因，这个中国人认为在这种场合必须长中国人志气，两人对抗严重，一度出现意气用事的局面，最后这个中国人以一个远远高于标价的价格买下了拍卖物。从这个实际案例中，我们可以学到，其实这个中国人应该稍稍控制一下自己，让理性超越情感，考虑拍卖品是否物有所值，才不会在商业活动中被有所图的人利用。我们也应该掌握一些谈判心理和技巧，新型谈判者应具备正确对待各种环境的理性心态。

综上所述，就像“疑邻盗斧”式的思维会带来对事物的不同推测一样，我们建议新型谈判学习者们具备更加优雅、理性和共赢的思维模式，从而得到更正面、积极、多元的互利共赢谈判结果。

PART 3

新型谈判者分类

本部分专注于解读新型谈判学的谈判者类型。新型谈判者可分为五种类型。

威权型谈判者

新型谈判者的类型中，第一类我们称为威权型谈判者，简称威权者。威权者往往是大人物，具有非凡的魅力，甚至能维持国家秩序稳定。这类人很难对付，也很难改变，常固执己见，并会使用一切手段去达成目的。与威权者谈判，需要技巧和手法。

理查德·贝利诺是一位著名商人，也是特朗普事业上的核心合作伙伴，对特朗普的个性非常了解。理查德第一次费尽周折，通过好莱坞名人约翰·卡萨布兰卡斯的推荐见到特朗普，向他推荐一个名为“如何赢得巴西最富有阶层”的项目计划书时，特朗普正因为天气阴沉，又遇到麻烦事而心情暴躁，没听他说几个字就要求结束会议。幸亏理查德急中生智，急忙问道："特朗普先生，难道您不知道巴西是世界上第二大直升机和私人喷气式飞机使用国，拥有世界第二大服装品牌，每小时产生一个百万富翁，是世界上最具活力的经济体吗？"听到这，特朗普立马问理查德："你需要我给你什么？"理查德说："请您给我一份证明，表明我们是合作伙伴。"特朗普的律师马上起草了一份合作合同草案，理查德没改动一个字，就同意接受所有条款。

俄国女皇叶卡捷琳娜二世也是典型的威权者，她性格暴躁，经常发怒，周围的人都战战兢兢，但她却愿意花很多时间，耐心聆听启蒙思想家狄德罗的建议，学习当时最先进的巴黎交通管理状况。

塔列朗是法国拿破仑时代的外交家，他曾经与当时侵占巴黎的普鲁士国王有过激烈的谈判，这场谈判直接决定了两个国家的战争与和平。普鲁士国王一直受到法国人的抵制，于是他想给法国以沉重的打击，找到的方法是摧毁巴黎的一座大桥。在这千钧一发之际，法国派出使臣塔列朗出访普鲁士，塔列朗一眼看出谈判的本质不在于炸不炸桥，而在于如何满足普鲁士国王极大的虚荣心，于是他大力称赞普鲁士国王的伟大功勋，呈递了法国的投降书，对入侵法国的普鲁士国王毕恭毕敬。得到普鲁士国王的信任后，他提出了一个两全其美的解决办法：用普鲁士国王的名字为巴黎的大桥命名。这样就满足了普鲁士国王的虚荣心和自我优越感，借此保住大桥。普鲁士国王非常乐意地接受了这个双赢的建议。

所以我们可以看到，和威权者谈判，核心在于找到影响他们的方式。这些人位高权重，谈判时往往采取的是居高临下式的垂直沟通模式，所以如何站在一个平等的位置，用专业性去影响他们尤为关键。

谈判的第一要素就是要识别对手是怎样的人，其性格是谈判最重要的底牌之一。作为谈判者，在今天这个数字时代，有很多方法收集到对方尽可能多的信息。威权者永远希望自己处于最顶端，这类人藐视众人，希望自己是唯一一个能享有声望和荣誉的人，谈判者要特别记住这一点。与这类谈判者进行谈判，需要创造力，思维要活跃，以寻找多种办法降低对抗度，不然谈判非常容易进入死局，无回旋余地。

控制型谈判者

第二种类型的谈判者是控制型谈判者，简称控制者。控制者喜欢做出承诺，有道德感，崇尚平等、妥协、实用。与这类人谈判最明智的做法是不要剑走偏锋、独树一帜，而是体现常态，运用常规，准备好数据。他们擅长分析，喜欢验证、证明、控制，希望一切符合规则和流程。他们要的是科学性和事实。

这类人最大的特点就是从众。脸书上给某本书点赞的人很多，他们就认为这是本好书；或者很多记者媒体说这部电影不错，他们才会去看。如果他们看到一则太阳马戏团的广告说：人人都去了，你呢？他们可能会因从众而去看。他们不会买新产品，要等朋友们先买，等那些行家说好，他们才会追随大众，考虑购买，而这时产品可能都不流行了。

笔者从事企业咨询工作，会基于严密的分析与客观的数据给首席执行官和董事会提供建议，所以笔者认为咨询工作的第一原则就是用数据说话，逻辑要严密。尤其是一些大型国有企业客户，它们的高管很多都是控制者，不喜欢剑走偏锋，如果你建议他采用某个市场投入策略，他们会问这样的方式有没有典型案例，有没有可以复制的经验。所以，很多咨询公司，比如麦肯锡，在中国做生意的方式，就是告诉首席执行官们这些事在欧美是怎么做的，这就是所谓的标杆研究。

促进型谈判者

第三类是促进型谈判者，简称促进者。促进者是团队中最信任别人的人，是人道主义者，会尽力帮助别人，管理团队，善于接受差异，能够调和公司和家庭成员之间的矛盾，具有社会责任心。他们在商业及其他事物的推进过程中信任他人，以创造价值的方式再去分享谈判的果实。

具体来讲，在今天的商业活动中，所有的供应商和客户其实都在追求一个目标，那就是以创新的模式提升各自的长远利益，以利益相关者共赢的模式来赢得未来。但是，供应商和客户在真正打交道的过程中却出现了问题——他们追求自己的短期利益，忘记了真正的关系锁定是建立在双方一开始的互信基础上的。

在错误的假定下，供应商开始采取一种短期策略，并不一定带给客户超越其期望的增值服务，而是把提供给客户的商品都打上价格标签。这种标签式的定价方式把双方的合作变成了一种明码标价，可以计算的“自助餐”。客户这边一样出现此种情况，他们信奉迈克尔·波特所言的“讨价还价能力”，因此在谈判博弈中想先发制人，以掠夺者的姿势介入，但从谈判促进者的视角看，他们忽略了双方利益中最大的一点：长期博弈的成本及客户终身价值。

所以一些明智的企业，总去帮客户计算它们的终身价值，比如宇通客车。在与经销商和客户的博弈中，宇通最后采取了“终身价值测算”的方式，来消除谈判中的差距。宇通的业务谈判者告诉经销商和客户，宇通如何为客户创造终身价值，如何帮助客户将客车作为生产工具获得更多的利润。基于此，宇通围绕着价值营销展开推广、销售模式，进行卖点提炼、经销商整体能力培养。这种合作模式一旦建立，双方从博弈走向实现共同愿景，这种促进模式超越传统的产品战略和价格战略，建立一种能使双方增加利润的“客户－供应商”关系，从对抗走向共赢。

比如糖，这个最常见的生活用品在消费品行业属于典型的无差异化产品，所以很多厂商进行了价格战，而好的谈判促进者不这样考虑问题，他们可以从无差异化中找到促使谈判成功的差异化策略。比如英国制糖公司（British Sugar）也要与客户谈判，而化解议价矛盾的核心办法是转移竞争的核心，聚焦于为客户提供增值服务。该公司的促进者谈判模式以两个手段来落地。

第一是给客户提供咨询。公司开始利用其在环保方面所积累的经验为客户服务。由于英国制糖公司的客户大多属于食品行业，都面临一个典型问题——处理糖和其他食品加工中产生的废物，英国制糖公司特意研发出解决方案，挑选出六家典型客户，为它们免费提供环保技术解决方案，有效降低了它们的成本，使得它们不用为解决废品问题额外付费，也不用在公司中增设环保部门。

第二是售出过剩产能。英国制糖公司向这六大核心客户出售本公司过剩的产能，其中一项就是电力服务。电力成本是英国制糖公司最大的成本，而当英国对电力生产解禁的时候，英国制糖公司并购了一家发电厂，以保证自己的能源供应，而后来它的发电能力超过了自己的需求，因此如何处理过剩的能源就成了一个问题。英国制糖公司没有将这些电力出售，而是以成本价提供给六大核心客户，其费用比同类电力要低 70%，而且输出的电力占到这六大客户在英国本土电力需求的 25% ~ 35%。

英国制糖公司是典型的促进者角色，它不是单纯以谈判博弈的目标为导向，而是以帮助对方创造利益为导向，进而建立起自己区分于竞争对手的壁垒。

企业家型谈判者

企业家型谈判者大多充满激情，不屈从于权力，充满动力，热爱体育运动，善于建立信任。企业家将风险视作机会，大多数是乐观主义者，热衷于通过风险赚取更多的钱，只要让他们看到收益的希望，他们就可能会忽略损失的可能性，热情、梦想和挑战是他们的原动力。我们曾经邀请雅虎的并购总监、YouTube 的创始人参与访谈，他们比较喜欢冒险，是风险投资家，总是可以抢占先机。他们认同新型谈判学，不认为部门之间或者谈判双方是互相对抗的关系，而更希望员工将公司看成一个整体，通过共同努力去获得福祉，创建更好的企业和社会。硅谷风险投资家也有这样的动力。在内部连接非常分散的公司里，部门之间互不沟通是不行的。正如做煎饼，总得先打破鸡蛋，让鸡蛋跟饼融合才能做出成品。如果彼此不沟通，互不联系，终将缺乏创造性。这种破与立就是企业家奔涌的激情梦想。

理查德·布兰森 25 岁时还没有钱，也没有正儿八经的工作，他竭力说服约翰·卡萨布兰卡斯成立精英公司。他身无分文，白手起家，从 DHL（敦豪航空货运公司）的快递员做起，后来成为特朗普的合伙人。在《信不信由你》一书中，理查德·布兰森写到他在考虑雇用人选时，会雇用那些眼睛里闪光，愿意为公司拼搏，热爱自己工作的人。他需要员工展现出一种有激情的企业文化。激情就意味着充满活力、动力和热情渴望，内心虔诚，心存信仰。而且这些是可以相互感染的。

我们接触过上万名企业家，他们的核心特质在于乐观，以及创造未来，把不可能变为可能，企业家在谈判中是会“兜售梦想”的。在某地政府引入德国医谷的一个重要会议上，当时政府的招商人员一上桌就给出 7 个限制性条件，一般来说谈判这时会陷入僵局。有一个人站出来，直接说了一句“不要一出来就谈限制性条件，改革就是要突破限制性条件”，在这个基调下，谈判才得以继续。这就是典型的企业家型谈判者。

苹果创始人乔布斯当年曾与约翰·史考利进行过一场精彩的人生谈判。“你是想卖一辈子糖水呢，还是跟着我们改变世界？”这是乔布斯问对方的话，语言率直犀利。约翰本人在乔布斯过世后，介绍了那一场改变他一生的谈判。他坦言，他之所以加入苹果，并不是被利益诱惑，而是为乔布斯的魅力所折服，确切地讲，是被乔布斯许诺的前景激励。约翰回忆说，当年乔布斯第五次敲开了他家的门，说想和他谈谈。每次乔布斯说这句话，都有不容任何人拒绝的样子。乔布斯说：“你是想卖一件苹果产品，还是卖 100 瓶可乐？”他沉默了一会儿，又说：“很多时候金钱并不是什么诱人条件，如果做一件事情的价值和做 100 件产生的价值一样，你会怎样选择？”乔布斯的思维方式的确有点异于常人。约翰接受了他的想法，加入了苹果。他们当时的沟通是真诚的，选择了做最有价值的事。企业家型谈判者都精力无限、创意无限，不喜欢模仿别人，喜欢独创、新颖、有趣，做真正令人兴奋和感兴趣的事。

洞察型谈判者

第四类是洞察型谈判者，简称洞察者。洞察者会以长远的眼光看待人类的进步，重视承诺和责任。他们是社会救助者、看护者、建设者、管理者，很多都是数学家、历史学家等大师和领袖，这类人在人群中占比不高。他们可以为后代的幸福牺牲自己，为慈善事业捐献很多钱，为公共事业付出巨大努力，为将来更加美好的生活和环境做出巨大的让步和妥协。

洞察型谈判者最大的特点在于能够有效输出自己的愿景、使命与价值观，从更加深远的层面影响谈判对手。从更广义的角度看来，成功的政治家、企业家都是在与受众进行一种谈判，在更深的层次对话，更有力地触发与对方的连接，赢得人心。

奥巴马原是芝加哥参议员、保守派、大学教授。他是黑人白人混血，身上具备典型的夏威夷文化和美国西海岸文化特征，可以西装革履，也可以穿牛仔裤、运动鞋；他既能听取年轻人的心声和诉求，又能一本正经地与年长者共鸣；他可以与英国新教徒后裔交流，还可以和移民及不同肤色的人打成一片，就用他那标准的口号：是，我们可以（Yes，we can）。每个人都会在生活中用到“是，我们可以”。这是一种希望和信念，是关于创建一个更好世界的愿景。奥巴马用他的存在方式、外表和生活方式影响人们，跟人们发生联系。

另一个很好的案例是美国前总统比尔·克林顿。克林顿的政治生涯和他的人格魅力密不可分。每次社交活动，克林顿都会令很多宾客印象深刻，他能非常自如地从一个话题转到另一个话题，即使他在角落里往墙上随意一靠，都能迅速吸引众人的注意力和目光。他好像认识社交场合中的所有人，与他们深入交流，绝对不是仅交换一些肤浅信息。他会记住几乎所有人的职业、兴趣爱好，热情且充满真挚情感地和别人拥抱。每次公开演讲，他都似乎在与每位听众进行单独的眼神和心灵沟通，也可以很快辨别出谁在真正关心他所说的内容，迅速制造共鸣，而谁又在走神。

新型谈判者优势分析

世界网球冠军纳达尔是结合了各种谈判者优点并运用新型谈判学的典型。新型谈判者的特点是优雅待人，进行积极正面的管理情绪，尊重人与人之间的差别，尊重他人的身份立场，理性决定，以获得共同利益。研究纳达尔的技术，我们会发现他打网球正手技术不错，反手技术也很好，但并不算顶尖水平。他的发球也不错，但发球速度、ACE 球的数量及稳定性，也都并非顶尖水平。那么，为什么他的成绩顶尖呢？我们在学习谈判的过程中也存在这样的问题——为什么技术相同的谈判者，有些人的谈判效果比其他人好？答案就是，他们将好的谈判技巧与良好的心态匹配到了一起。以纳达尔为例，纳达尔总是很尊重自己的对手，专注而公正，像绅士那样优雅，从不把对手看作必须击倒的敌人。因此，几乎所有的网球选手都喜欢他。凭借着这样的处事之道，纳达尔也获得了大众的喜爱。

他还获得了赞助商的青睐，即便输掉比赛，赞助商也能让他赚得比谁都多。除此之外，他对裁判也很有一套。如果裁判在比赛过程中发生误判，纳达尔从不会对裁判生气、发怒或大喊大叫，因为他知道裁判可能是真的不小心误判了，并非针对他。有时候他会要求运用技术手段进行回放，以确认球是否出界。换句话说，他的关注点在于比赛本身，在于比赛中的下一分。裁判有没有误判，这不是他最在乎的。

除此以外，纳达尔还很善于管理自己的情绪。当对手获得局点或赛点时，一般选手都会紧张，而他管理情绪的能力很强，这样就能更加专注于比赛本身，避免负能量的干扰，也就是通常说的心理素质超强。

除了处理诸如恐惧和愤怒这样的破坏性情绪，他还能聪明地根据比赛当时的情况做出合适的判断。当疲于回球时，他会有意识地将球打得更加从容缓慢，让自己能够重新回到最佳击球位置；当需要主动进攻改变比赛局势时，他会勇敢冒险，击打出一个快速球，以求获得制胜分。该冒险的时候勇敢冒险，该保守的时候从容不迫，这种行动和情境之间的协调一致，就是我们常说的智慧，一切都刚刚好。

一个真正的新型谈判者也应该拥有纳达尔这样的智慧，能够将自己的行动和当时的情境结合起来，并且有能力做出调整，有时勇敢，有时谨慎，有时关注别人，有时关注自己。所谓灵活性和可塑性正是如此。

不同身份的谈判者

在把新型谈判者划分为五种类型后，我们再从人生角色的角度来整理一下谈判者分类。我们每个人在世界上都身兼数职，既需要在职场上周旋，又为人子女或父母或朋友。面对不同的人，谈判方法是不同的。谈判无处不在，又无一定之规。

与权势地位更高的人士进行谈判时，首先我们需要内心强大，坚定信心，本书关于谈判策略的章节会有成功案例可做参考。与权威人士谈判可能很多努力都不奏效，有时连妥协都没有机会，在地位和资源不平等的情况下，很多时候需要中断谈判，并最终接受失败。允许自己失败是新型谈判者应有的心理素质。

面对领导和上司，我们要把谈判看作解决问题的渠道，如很多时候需要就涨薪水、协调资源和上司谈判，这时最好能说明自己能给公司和上司带来什么好处，体现自己的价值，交换利益是谈判中永不过时的筹码。因上司性格不同，谈判会分很多种状况，千万不要让上司因各种原因不喜欢你，产生戒备、抗拒等负面心理。有些上司喜欢下属一切听指挥，不允许有不同意见，一不顺心就会给下属小鞋穿，把不顺从自己的下属边缘化，虽然这种做法不对，但也是生活中存在的无法改变的现实，巧妙处理上下级关系对我们的事业影响极大。针对这样的上级，一定要注意态度尊重和说话语气恭敬，不要让对方感觉到你对他有威胁。

面对同事时，为完成工作，必然会和同事产生既合作又竞争的复杂关系。由于各人的性格、经历不同，理解问题存在偏差，容易造成沟通不畅，出现利益分配不当和内部竞争等问题。如果和同事意见不统一，很多情况下，会影响工作。所有人都是环境的产物，人际关系是人一生中最重要的王牌，要真诚地以“解决问题”的平等姿态来沟通，达成圆满结果。即使有过节，也要宽容大度，秉承“冤家宜解不宜结”的原则，大事化小，小事化了。

很多人可以接受工作中他人提出的意见和建议，却无法接受自己子女提出的不同意见。在有的父母心中，自己的孩子永远是晚辈，应该服从自己，更何况中国倡导“百善孝为先”“千孝不如一顺”的文化，使得很多子女和父母的沟通存在诸多问题。在这种情况下，父母不能无视孩子已经长大的事实，应在双方平等的基础上进行成年人与成年人的交流，长辈强加意志于晚辈或晚辈恃宠而骄等互不尊重的情况都应该避免。另一方面，代沟确实存在，当孩子所说的话无法被父母理解时，温和地说出自己真实的想法是最正确的。

如果孩子还小，最让父母头痛的莫过于孩子不懂事、不听话，却有很强的自主性。与他们沟通和成人世界的谈判道理一样，要获得对方的信任、情感和理性支持，平等交流是最关键的环节。不要动不动就用大人喜欢的威胁式谈判，否则只会让情况变得更糟。要让孩子知道哭闹是最无效的谈判策略，凡事和孩子商量也是与孩子和谐共处的不二法门。

面对亲密关系中的另一半时，许多人害怕失去对方，就违心做不喜欢的事，过分迁就，不能做真实的自己；有人则选择默默承受，或对自己无法忍受的问题睁一只眼闭一只眼。不解决矛盾，觉得结婚或生孩子后矛盾会自然解决的想法是不现实的。关于“改变对方”这个话题，不同的人有不同的看法，有人说“江山易改，本性难移”，也有关系咨询师鼓励我们尽量在关系中适当改变自己，与对方磨合，以成为另一半的最佳默契伴侣。如果双方沟通得好，维护好亲密关系，正确处理生活中的矛盾冲突，充满正能量和信任，则家和万事兴。这种生活中和亲人、爱人谈判的重要性丝毫都不亚于政商界的谈判事务。

PART 4

新型谈判的
四步骤与十要素

著名谈判学著作《谈判力》中，讲到谈判有七要素，但这并不是谈判学界所有人都认同的结论。比较知名的谈判专家，如劳伦斯·萨斯坎德和哈佛教授罗伯特·芒金提出了双赢四步谈判技巧。这两个流派是目前谈判界最主要的谈判方法或谈判准则的奠定者。新型谈判的谈判过程分为四个步骤：谈判准备，价值创造，价值分配，将谈判进行到底。新型谈判学的十要素是对哈佛大学提出的传统谈判七要素的创新、扩展和演变，包括：背景、利益、方案、关系、权利、沟通技巧、遵纪守法、标准、妥协、时间。

新型谈判的四步骤

谈判准备

谈判的成败直接由谈判准备的质量决定。

谈判专家劳伦斯·萨斯坎德、詹姆斯·西贝尼厄斯和罗伯特·芒金都非常重视谈判的准备过程，詹姆斯·西贝尼厄斯所著的《三维谈判：在至关重要的交易中扭转局面》（*3–D Negotiation: Powerful Tools to Change the Game in Your Most Important Deals*）就很好地体现了这一点。即便是世界级谈判高手，也不能直接跳过准备阶段，到达价值创造这步去直接报价及锚定价值。

谈判准备阶段是谈判之前进行分析和准备，你需要知道谈判背景是什么，现在是处于经济危机还是经济繁荣阶段，两家公司是处于“热恋期”还是互不喜欢的阶段。谈判者可以根据自身所处的情况选择谈判方式，而且还需要在众多利益点中有所偏好，知道什么是自己想要的和必要的。而抓住两者的联系，将想要的变为必要的，是谈判者真正需要考虑的。接下来，发挥谈判杠杆的作用和力量，制订不同备选方案时为后续的行动留下余地，这有助于在和谐关系下进行利益分配。

价值创造

通常，谈判激烈会让人内心挣扎，坚持和放弃都很痛苦。新型谈判的双方应该从创造价值这一步开始。谈判一开始需要营造和谐的谈判氛围和良好关系，以满足大脑边缘系统的舒适度。一旦产生了这样的信任，确定了彼此的利益点，后续进行利益分配就相对容易了，这就是创造价值的途径和目的。

在一切悬而未决时，引导双方对话并提出一些互惠互利的合作方案，需要进行头脑风暴，这个讨论过程是关于规划利益、提出选择的。价值创造阶段是合作性的，同时也能营造彼此信任、共同努力的良好氛围。在这个创造的过程中，不需要谈价格，以减少对立，而价格将自然出现在价值创造这一步。新型谈判学倡导的是和谐关系第一，做大共同的蛋糕第二，最后才落实到价格。

关于谈判的价值创造，霍华德·雷法在他的著作《谈判的艺术与科学》（*The Art and Science of Negotiation*）一书中介绍了建立信任和共同信仰、共同目标的重要性，认为有信任才有谈判和商业交易。大多数的谈判者准备工作欠缺，对基本概念认识不清，意见不统一，这样不可能找到共同解决方案。价值创造过程需要探索双方的共同需求和利益，提出所有可能选项，然后过渡到价值分配这一步去讨论价格。

哈佛大学法学院的最新谈判研究指出，主动积极倾听是谈判前提。研究发现，在谈判创造价值阶段，大多数谈判者不注重倾听而喜欢表达，他们认为谈判是一个说服别人的过程，应该大声说出对自己有利的观点。实际上这种观念是错误的，如果只顾自我表达而不注重倾听，容易错过重要的信息而造成错误，进而可能让对方感觉不友好或不被尊重，影响双方的合作。与此同时，也有可能着了对方的道，对方可能会用恐吓、谎言、不负责任、鄙视、不遵守承诺这些策略来掩饰真正的目的。一旦错失对方言语中的信息，我们就收集不到最有价值的信息，浪费宝贵的时间，没法迅速做出反应，就很难完成一个共赢谈判。

谈判通常会有最佳方案，也称 BATNA（best alternative to a

negotiated agreement），如果谈判最终无法达成，就需要设计谈判备选方案，即当前谈判失败的最好替代方案。

所有谈判者都拥有不同的个性、性格、头脑、认知和行为，重要的是掌握谈判的规律，将消极情绪更多地转变为积极情绪，同他人建立良性的关联。不过需要注意的是，我们建立的信任、共鸣和动力都是为了促成交易。因此分析双方的异同可以帮助我们理解对方，建立关系。关系始终是谈判的关键，世界上 50% 的交易成交和顾客的再次惠顾都由彼此关系决定。迪士尼公司在其投资运作的所有城市里，都将维护与客户的关系看作工作核心。

创造价值的方法是首先思考对方的利益诉求，包括显性需求和隐性需求。在价值创造阶段，表现出争强好胜是非常不理智的，双方共同的心态应该是求同存异，着眼于共同利益而非不同点，要对事不对人，原则立场要坚定，待人处事要温和。在这个阶段，多关注和谈的价值，少谈论成交的价格，以免加重双方的利益冲突与分歧，求同存异是价值创造环节的困难所在。谈判本质上是双方巧妙利用彼此的差异和共同利益来创造价值的过程，要看怎么用好差异和共同点。可能双方心里想要的东西不相同，因此价值创造过程不讨论分割“馅饼”，而是想办法做大“馅饼”，通过深入分析不同的利益层次，完成价值分配之前的价值创造过程。

价值分配

价值分配就是根据标准确定价格，比如告诉孩子晚上必须几点上床睡觉。价值分配是根据每个利益方的确定选择项，双方互利互惠、互相让步的阶段，就是我们俗话说的“分蛋糕”阶段。

将谈判进行到底

谈判过程是双方解释、认知、沟通、学习的过程，解释一些双方有不同认知的概念，沟通彼此的看法，解释与接受分歧，消除谈判阻碍，推进谈判过程。

谈判过程中需要自我控制，不夸张表达，不过分悲观或乐观，具备理性和信誉。还需要注意的是，在谈判中不要轻易承诺。生活上，如果你不打算和对方结婚，就不要承诺结婚，不要让他信任或依赖甚至误会你。生意上，如果来了一张超级大单，而你不确定将要发生什么，就不要轻易承诺交付。因为创建信任是长期过程，遵循规则才能最大程度受益，信任比黄金珍贵。

新型谈判的十要素

新型谈判的十大影响要素是：背景，利益，方案，关系，权力，沟通技巧，遵纪守法，标准，妥协和时间。

背景

背景是指谈判的总体背景和各方谈判条件，还包括谈判者和团队成员的详细信息。

1979 年 11 月，在伊朗激进学生占领美国驻伊朗大使馆事件中，伊朗学生扣留了 52 名美国外交人员为人质，美国政府迟迟没有任何行动去解救这些人质。过了大半年，美国时任总统卡特才开始运用各种手段进行援救，1980年年中甚至派出了美国的特种部队，但营救行动每次都失败。当时苏联处于勃列日涅夫领导之下，军备力量超越美国。伊美两国谈判人员进行了沟通，美国首席谈判专家被美国政府告知，他本人虽然可以全天候24小时用电话联系政府当局，并对外代表美国政府应付伊方提出的各种要求，与之讨价还价，但其实他没有任何决策权。整个谈判过程就是互相了解对方背景和意愿的过程：

美国首席谈判专家（以下简称“美”）：你们要什么？

伊朗学生（以下简称“伊”）：你问问纽约法院对我们伊朗的金融债权做了什么。

美：你们希望怎么解决？伊朗法院来接手处理金融债权吗？

伊：我们觉得由海牙国际法庭来处理比纽约处理妥当。

美：我无权代表美国做任何承诺，我只是谈判人员，没有行政权力。如果我们谈的内容有效，我会向政府汇报的。你们还想得到什么？

伊：美国终止对伊朗的金融制裁。

美：给我一些好的理由。

伊：你们惩罚的时间已经够长了，我们受够了。

美：你们觉得足够未必是客观的标准。你需要给我更多理由。

伊：美国继续进行金融制裁会导致伊朗失去各方面的稳定。

美：为什么？

伊：你和美国政府都不明白现在的形势吗？为了抵抗制裁，我们需要增大进出口贸易，需要对他国边检人员行贿。行贿时间越长，我们越有可能失去稳定和控制。

美：这算第二个理由。

伊：我们这次释放人质，美国就没有理由不停止制裁了啊。

美：我马上汇报给白宫，解决这次危机。[①]

① 海牙国际法庭于 1979 年 12 月 20 日审理美国诉讼伊朗查封美国大使馆案，该案成为《国际法》经典案例。

利益

在谈判前，需要准备准备再准备，列出双方所有利益共同点和不同点。哈佛大学教授戴维·拉克斯和詹姆斯·西贝尼厄斯在《三维谈判》一书中，提出谈判必须明确所有利益，如目标、人物、事件和怎么行动与做决策。谈判双方应将目光放长远，超越谈判战术，设计预见性和创造性的协议，提出各种可以斡旋的方案。

通过界定谈判范围，双方保证自己想要的利益，尤其让对方亮出条件是谈判的一条潜规则。

方案

方案是指各种备选方案。创建方案是将谈判转变为发挥想象力、分享观点和轻松沟通的过程。很多谈判可以设计出多种谈判方案，并按照各种不同的方案实施。

《孙子兵法》指出，兵无常势，水无常形，形势每时每刻都在发生变化，人生和谈判桌上都有太多的变数，任何看似完美的计划都是有漏洞的。在事情发展不顺利的时候，再想起来准备 B 计划，已经太迟了。B 计划这个不太好的选择有利于你达成好协议，或许它就是谈判中的撒手锏和王牌。

在进行任何谈判前都需要定下框架，如租房子，即使有 99% 的可能和房东达成交易，也要考虑一下那 1% 无法成交的可能，因此有必要制定一个 B 方案。人们总是过高估计自己的完美 A 计划，忽略 B 计划的重要性。许多失败案例说明在危机重重的生活中，居安思危是必要的，因自负而不做好充分准备的谈判者往往会失败。

谈判最忌只有一个方案，试图用一个单一浅薄的方案去应对无数可能性。对方要求一件事情的时候，以可以答应对方为前提，要求对方满足己方的一个条件，从而获得宝贵的时间和时机，方法其实有很多。谈判要学会设计最佳方案，同时要考虑自己有多少可以替换的条件来与对方周旋。面对客户的条件，提出一个新的条件是一种创新，尤其是提出一个非金钱的条件。

关于方案选择，有一个重要要素叫作保留价格，当这个价格与对方的预设价格差距太大的时候，不要再继续就合作进行会谈，而是离开。只有当双方都明确了各自的底线以后，再开始真正的谈判较量——在各自的底线上用准备好的筹码来一一交换。

谈判还会有协议空间，是指谈判双方的共同空间，就是看我可以为你做些什么，你又可以为我做些什么，相互谈筹码。谈判专家威廉·费希尔和布鲁斯·巴顿还提出，选择（alternatives）就是留有后路和准备 B 计划的意思。

关系

关系一词，一开始是中国文化的重要产物，其实各国皆然。西方人想学习了解并和中国人打交道，首先他们会去看一些有关“关系”文化的书。在谈判中，了解与谈判人的关系，建立互相信任的关系是至关重要的。但是关系又是动态的，在对其谈判风格和性格有所了解的前提下，要随时了解对方的精神、状态、心理。关系的重要性不言而喻，每个人的幸福来自和谐关系。

日本政府和西方商业力量曾想在日本投资建造一座迪士尼乐园，但其代价是要填埋很大一片海域。有很多渔民依靠这片海域为生，填埋海域对于他们来说是真正的灭顶之灾，谈判者每次去商谈，稍有不合，就会遭到渔民们的谩骂殴打，谈判任务太难完成了。为了尽快达成协议，有位谈判者决心融入渔民生活，每天和渔民一起早出晚归，打成一片，消除他们对自己和填海事件的敌对情绪。打听到渔民中一些非常有声望的人特别喜欢去酒馆喝酒，这位谈判者只要有时间，就会带上好酒好菜去找这些渔民聊天，还时时礼让尊重对方。经过一段时间的磨合，他终于赢得渔民们的信赖，拿下开发权，建造了迪士尼乐园。如今，这片渔村已变成了商贾云集、店铺林立的繁华之地。

权力

“权力”在传统谈判学中曾被视作唯一影响谈判成败的因素。“权力”是指谈判各方掌握的资源及他们通过谈判影响各方的能力。国际谈判学理论研究中出现过一个流传非常广泛的理论——权力对等理论，即谈判成果取决于谈判双方的“权力”，比如一个国家在国际谈判领域的权力取决于它的综合国力。但“权力”又是一个复杂概念，比如对一个国家而言，具体包括政治、经济、军事、外交、政府、教育、人口、公民素质等多个方面。A 方的权力大小是相对谈判对手 B 的实力而言的。另外，还要考虑权力的动态变化。强弱不是永恒的，一切都可能随着时间变化，今天可以因为形势不利而“割地赔款”，他日也可以从别人手中加倍取回。权力是一个多层次、多维度的力量，需要对各方面进行综合比较才能得出结论。

但是，现在的谈判学对影响谈判成败因素的分析更为理性。新型谈判学认为权力只是影响因素之一。

珍妮·布雷特在《全球谈判》(*Negotiating Globally*) 一书里指出，谈判高手需要具备合法力、专业影响力、敬畏力、奖惩力、感召力。谈判高手首先需要合法身份，是谈判代表，有极强的谈判经验，在专业领域有声誉、有口碑、有影响力。头衔在实战中未必能发挥作用。

谈判高手需要具备奖惩力，也就是说用奖惩两种方法对对方的心理造成强大的影响。其中奖赏力表现多样，比如给予金钱、赞扬、宽恕、授予头衔、分配工作；与之相反的是惩罚力，表现为让对方感到难堪，揭露秘密，破坏对方名声，让对方痛苦等。

人性是趋利避害的，所以谈判高手需要懂得使用奖惩，恩威并施。比如很多父母都会和自己的孩子讨价还价：如果你不吃饭，就不能看电视，吃完了爸妈带你去游乐场玩。这些都是谈判策略。但是需要注意的是，惩罚和批评一样，要慎重使用。

谈判高手具有敬畏力，是指要让别人相信你做事有原则，从不背离自己的原则，并对他们产生巨大的影响力。

谈判高手的号召力有一部分是天赋，一些领袖人物就具备此种与生俱来的能力。另一部分是通过学习精进的，用自己的人格魅力去影响周围的人群。有号召的人大多具有极好的公众形象，充满魅力，自信热情，活力四射，具备准确的判断力。与号召力背道而驰的就是完全自我为中心。

我们可以借鉴一下谈判高手丘吉尔巧妙运用权力鼓舞英国民众的方法。在德国即将打进英国时，英国首相丘吉尔做了一个举世闻名的演讲，他在演讲中提到这样一句话："新世界的威力将拯救旧世界。"在演讲中，丘吉尔用奖赏力告诉英国民众，打赢了，我们就有幸福平静的生活；打输了，英国将永远被德国奴役和占领。

沟通技巧

同理心

谈判，是人们通过沟通将不同的意见往一致的方向引导的过程。在这个过程中，我们需要注意的是保持同理心。在涉及决定时，尽量征求对方意见，尤其需要照顾“隐性”利益相关者提出的意见。

比如，丈夫杰克和妻子罗丝准备去花店买两盒售价较高的绿色植物作为朋友的生日礼物，而花店说当天只要购物 25 美元以上就可以免费再赠送一束玫瑰。杰克考虑到一盒植物的售价已经高于 50 美元，提议分两次结账，这样就可以免费获得两束玫瑰。在去参加朋友生日宴会的路上，罗丝自作主张把其中一束玫瑰送给了好朋友。这时，丈夫杰克感到非常恼火，因为他觉得玫瑰花是自己积极主动协商来的，送出去之前应该和他商量一下，妻子的行为侵犯了他的自主权。这里，罗丝的决定没有邀请同为“利益”相关者杰克的参与，伤害了夫妻感情。

《吕氏春秋》里有一段孔子带众弟子周游列国的故事。因为饥荒，大家数天没吃饭，安顿后，颜回负责煮饭。孔子看到颜回在煮饭时偷偷抓白米饭吃，不忍责问，故意说想要拿颜回新煮的米饭供奉祖先。颜回不同意，孔子质问之后才知道真相，原来不是颜回偷吃米饭，而是煮饭时掉进了灰尘，饭弄脏了，颜回怕浪费才吃的，吃过的米饭不能祭祀祖先。以诚实著称的颜回被人怀疑的故事，让我们了解到人心是复杂和难测的，想要真正了解一个人并长期保持良好关系是非常不容易的。每个人所处的环境、立场不同，思考的问题角度、方式不同，对事物的理解就不同，只有换位思考，才能理解他人。成功谈判的关键在于了解对方真实的需求，设身处地为其着想，这样不仅能赢得谈判，赢得利益，也能赢得一些好朋友。不能因保护自己而负面揣测他人。

首因效应，用 3 分钟留下好印象

谈判开始后的 3 分钟的沟通效果将直接影响谈判结果。

丘吉尔曾说：“如果让我说 5 分钟，我需要提前一周准备，如果让我说 20 分钟，我只需要提前两天准备。”1943 年，丘吉尔和法国将军戴高乐由于对叙利亚问题存在意见分歧，两人心存芥蒂，直接原因是戴高乐宣布逮捕一位总督，而丘吉尔特别看重此人。为了解决此事，两人约谈。丘吉尔的法语不太好，戴高乐的英语则讲得非常好，但为了增加相互之间沟通的舒适度，丘吉尔在面谈之前做了大量功课，用法语跟戴高乐交谈，最后双方相谈甚欢。

在和别人说话交流时，以手撑头，面露无聊疲惫，不停看手表和手机，音量盖过别人，都是缺乏教养的表现。谈判时要令对方感觉到你对他的重视，给人留下好印象。

诚信

尽管大多数谈判，都是符合道德标准的，但也有人因经济压力，禁不住诱惑，做出不道德的举动。诚信，也是影响谈判的一个重要因素。

希尔顿在购买一家酒店的谈判中，第一次报价就被对方接受了，可在一个星期内，对方又收到了其他公司的报价，比希尔顿首次报价高出 100 多万美元，可是对方并没有更改决定，还是把酒店卖给了希尔顿。希尔顿说他一生见过的人不计其数，却从来没有见过这样诚实守信的。

在商场上稳扎稳打的李嘉诚深谙诚信待人的道理，他先以诚信赢得外国投资和大订单，后又得到汇丰银行的鼎力支持，最终创业成功。

宽容和仁慈

著名认知神经科学家斯蒂芬·平克在《人性中的善良天使》（*The Better Angles of Our Nature*）中提到，人类的确天生就有欺骗、偷窃和杀戮的一面，但同时也拥有巨大的同情心和合作能力，这些人性美好的一面往往能够超越我们自私的本能。许多家庭或企业因为缺少宽恕之心而引发了种种冲突。金无足赤，人无完人，是人都会犯错。在谈判中，如果双方没有宽容心，可能会导致结果不如人意，甚至两败俱伤。

生活中缺乏仁爱包容之心造成谈判失败、关系破裂的案例不胜枚举，也是很多不幸发生的根源。新型谈判学提倡仁爱之心，是用充满关爱和道德的心态进行谈判。人人都希望别人对自己友善，但自己却很难做到。社会充满竞争，往往导致冲突，因此做到仁爱包容并不容易，但这是新型谈判学的主要宗旨。

真诚，优雅，有礼貌

谈判时，举止得当、口才良好、真诚优雅、有礼貌往往更能博得信任，更能对他人产生积极影响。比尔·盖茨在其最喜爱的书单里曾提过一本《品格之路》(*The Road to Character*)，作者是《纽约时报》专栏作家戴维·布鲁克斯，他提出，“金钱买不来幸福”，在如此商业化的现代社会，应停止一心追逐财富，转而重视培养内在道德品质，比如奉献与真诚友善。

柯达公司创始人乔治·伊斯曼成为美国巨富之后，不忘社会公益事业，捐赠巨款在罗彻斯特建造音乐堂、纪念馆和戏院。为承接这批建筑物内的座椅生意，许多建造商展开了激烈的竞争，但是找伊斯曼谈生意的商人无不乘兴而来，败兴而归，毫无收获。“优美座位”公司的经理亚当森也希望跟伊斯曼达成合作。他前去谈判，被秘书告知伊斯曼是非常严厉的大忙人，如果面谈占用老板的时间 5 分钟以上，肯定没希望合作。亚当森进入办公室，看见伊斯曼正埋头于桌上的一堆文件，于是静静站在那里，不去打扰伊斯曼，并同时仔细打量这间办公室。过了一会儿，伊斯曼抬起头来，发现站了很久的亚当森，便问道：“先生有何贵干？”亚当森说：“伊斯曼先生，我本人长期从事室内木工装修，在等您的时候，仔细看了这间办公室，我从来没有见过装修得这么精致的办公室。”伊斯曼高兴地站起来说：“这间办公室刚建好，我喜欢极了。后来一忙，一连几个星期都没有机会仔细欣赏。这木板是英国橡木，是专门研究室内橡木的朋友专程去英国为我订的货。”伊斯曼兴致勃勃地带着亚当森仔细参观办公室，他们把所有的装饰都聊了一遍，从木质到比例，从颜色到手艺，从价格到设计。

亚当森请教了伊斯曼的个人经历，伊斯曼讲述了自己青少年时代的生活，母子俩如何在贫困中挣扎，自己发明柯达相机的过程，然后又详细讲了对社会公益事业的打算。亚当森被这份功德心感动，他们一直不停地聊到中午。最后，两个人还一起给几张椅子涂了油漆。第二天，他们便开始了一场对别人来说十分艰难，对他们来说却十分轻松友好的谈判。不仅谈成了大量订单，更是结下了终生的友谊。在这个过程中，亚当森的真诚起到了很重要的作用。

大数据和抽样调查

大数据是数字时代的创新，笔者 8 年前就曾参与麦当劳和惠普欧洲公司的谈判数据平台创新研发工作。当时麦当劳和惠普都将公司每个部门协调汇集到一起，把各种信息输入一个叫 Intro-net 的公司内部数字化平台系统。该系统可以从大数据中抽样出信息进行分析和匹配，并可以在线做各种抽样调查，以获得数据，惠普欧洲公司还用它给当地采购部经理进行谈判培训，分享经验、理念，交流信息，提升交易和谈判效率。培训中有一个非常经典的谈判案例，通过 Intro-net 电子交易平台，相关人员非常迅速地进行了有关波音 777 和波音 747 各种配置的采购成本对比，省去了很多在传统交易谈判中耗费人力、物力、财力的见面过程和冲突，很快帮助公司处理好了这个项目。同时，各种经验都用数据储存，这样使分驻在世界各地的分公司都可以学习到其他分公司的宝贵经验，不需要太过依赖领导层的意见就可以自行处理很多难度很大的谈判和内部沟通问题，是进行内部高效管理的一种很好的方法。RING 平台的数字化设计就是根据这个雏形得来的。

杨杜泽和其专家团队为适应数字经济时代下的谈判，创建了用于信息和谈判案例共享的 RING 平台，汇聚已有的谈判信息，并进行综合分析，为谈判提供可靠战略，是数字经济和共享经济时代的创新研发产物。其总部设在法国雷恩，在美国、巴西、意大利均有企业使用。这些使用平台的企业将谨慎与风险管理相结合，容易达成协议。该平台有助于持续和良性地了解利益相关方的信息、谈判进程中的问题和解决问题的可能性，在保障效率和生产率的情况下，在谈判和解决冲突方面取得前所未有的成果。拥有 RING 平台的公司相当于有了一个共享信息的谈判团队，可提升整个公司的经济价值和社会价值。而那些不共享信息的“自私谈判者”绩效受限，动力低下，为整个公司创造的价值也有限。

RING 谈判平台有助于：提高签署合作协议的可能性；提升协议的价值；提高生产效率；自学并分享经验；利用人工智能技术提升社会经济价值，并避免冲突；运用技术、常识和共同语言，分享信息交流方面的经验。

新型谈判学倡导的谈判培训和提升模式已经不是传统的公司线下组织 2~3 天内训这种方式了。很多公司会派员工参与这个城市或者另一个城市的谈判或市场销售培训，但新型谈判学倡导的是在每个公司的内部形成各部门的团队自主作业，形成本公司的内部数据体系，例如每个公司形成一个 RING 数据小平台，这样就能集思广益，与众分享，更可以和 RING 平台连接，形成真正的谈判大数据系统。

劳伦斯·萨斯坎德和哈勒姆·莫维斯合著的《谈判长赢：最受欢迎的哈佛企业谈判课》(*Built to Win: Creating a World-Class Negotiating Organization*) 一书提出，通过一个数据库分享知识，组织学习，组织谈判。该书重点提出谈判能力不仅是个人素质，更是企业的核心竞争力，倡导在企业内部创建数字化平台，以协调组织内部的谈判。

新型谈判思维有助于评估挑战和机遇，在公司各部门内创建互相学习的文化，获得全新的竞争优势。如果能从自我学习变为系统化地组织谈判，充分利用学习契机，每一个组织都可以日益壮大。这是现代公司和学校需要引入的协作形式。

注意谈判情绪和高情商谈判

情绪是一种极具传染性的能量，是人与人之间最微妙、最敏感的情感联系，一旦失控就会产生混乱的后果。俗话说，能控制情绪的人，比拿下一座城的将军还厉害。能控制情绪，就能够控制场面，就能够防止情况的进一步恶化。理性的谈判者大多不允许有太多失控，幸运的是，情商与智商都是可以通过后天学习提高的。

谈判中照顾对方的情绪，要学会站在对方的角度考虑问题，也有利于自己控制局面。解决冲突首先要搞清对方为什么要生气，同时要承认对方受到的伤害，这样才能够在很大程度上减轻对方的愤怒情绪。与此同时，一定要向对方表明自己的友好立场，一旦对方提出具体要求，即使不准备完全让步，也要立即满足对方的部分要求，缓和情势。假设你的员工说，除非你给她加工资，否则就辞职。这时按照规定你会拒绝，但即便如此，你还是应该问对方到底要加多少。一旦问题能够量化，困扰就解决了一大半。然后再去收集足够多的信息消除障碍。

高情商谈判最重要的一点就是满足对方心底最真实的需求，无论是显性的还是隐性的，无论是物质的还是精神的。很多时候，谈判的需求是表面的，但整个过程远远超过表面需求。由实验统计得知：很多谈判失败不是因为标的物，而是因为说话方式不恰当，造成对方尊严受损，双方友善缺失。中国古语有云：人为财死，鸟为食亡。显性需求包括生理需求和安全需要，生理和安全需求是最基础也在最大程度上推动人类发展进步的需求。隐性需求包括被尊重的需求，对名望地位、独立自由的追求，社交归属需求，最终是实现自我价值的需求。武向阳的《谈判兵法》一书中也特别提到，有时候我们认为谈判是为了看得见的利益，其实很多时候满足看不见的需求才是真正成交的原因，包括非常情绪化、个人化的尊严好恶、身份地位等。所以，任何谈判都不是简单沟通，要满足对方的各种需求，才能让自己在谈判中占主导地位。

认知观念

100 个人对玉米的理解可能都是不相同的。有的人脑海里出现的可能是还没有采摘的玉米，有的人可能会想到可以吃的玉米棒，有的人可能会想到肯德基玉米产品。这种情况导致人们产生很多认知差异，有时会造成矛盾和误解，这也是谈判中需要沟通和解决的重大问题。

因为每个人关注的角度不同，看到的世界就不同，可能不准确，也不完整。当我们在处理各种谈判问题的过程中，每个人的利益诉求和立场角度不一，造成对事物看法不同，如果想要谈判顺利，达成共赢，就需要摒弃己方固有的思维，更多地探讨为什么双方对事物的看法有这些不同，彼此走近，彼此理解，彼此认同。

公信力和中立有助于谈判达成

当谈判遇到难以解决的瓶颈和困境的时候，解决问题的办法可能就是引入一个具有公信力和中立立场的第三方，促进双方相互妥协。这样做通常成本很低，能更快解决问题，不容易再起冲突，因为中立、有公信力的第三方往往旁观者清，更能看清问题的实质，避免伤害双方的关系，同时令双方更情愿接受解决方案。

在一次公司收购谈判中，双方的律师团已经到了剑拔弩张、不可调和的地步，其中一位律师非常聪明理性地提出让另一个从未接触此案的律师来代替他的位置。因为新来的律师对谈判进程不了解，立场中立，对方立马就感觉到这位新律师可能是解决僵局的突破口，可能比之前那位律师更讲道理，谈判双方最终达成共识。

在历史上，美国总统卡特成功调解以色列和埃及的问题，有一个重要的原因就是美国在以色列和埃及之间成功确立了中立形象。长久以来，埃及和苏联都是盟友，对美国有一定的敌意。但是一次偶然的机会，基辛格发现了拉近美国与埃及关系的绝佳机会。苏伊士运河流域是埃及最重要的经济来源，所以埃及迫切需要清理苏伊士运河，且当时正在邀请苏联帮忙清理。苏联政府虽然也愿意帮助埃及，但是苏联的决策和执行过程太过缓慢，基辛格就对埃及总统安瓦尔·萨达特说，美国会始终保持中立，他可以直接拨通卡特总统的电话，讨论如何高效解决清理苏伊士运河的事。果然，卡特总统直接和埃及总统通电话后，美国第六舰队开进苏伊士运河，帮助埃及进行清理。这一举措最终改变了埃及对美国的敌对态度，为美国最终签署《戴维营协议》创造了条件。①

关注谈判场合

简向来守时，但是因为交通堵塞，去一家公司面试时迟到了。她很担心，不知该不该向面试官解释她为什么迟到。后来她发现面试官是自己以前的同班同学，感到非常开心。她笑着对同学说：

---

① 参见詹姆斯·塞贝尼乌斯、尼古拉斯·伯恩斯、罗伯特·姆努金合著《谈判专家基辛格：最高层达成交易的经验》（*Kissinger the Negotiator: Lessons from Dealmaking at the Highest Level*）。

“见到你真好，很抱歉，我来晚了。你知道的，这个时间交通情况都很糟糕。”同学的回答却非常专业而欠缺热情：“我们开始吧。”简被同学冰冷的态度吓了一跳，脑海里充斥着各种想法。面试中，她一直努力集中精神。但两天后，她被告知没有被录取。实际上，简的失败，很重要的原因在于没有考虑到场合。在这里，她跟同学不是同学关系，而是面试官和面试者的关系。为了不表现得自以为是，她应该站在对方的角度做以下更为正式的道歉：“首先感谢你安排了我的面试。很抱歉我迟到了。我已经做好了准备，如果可以开始，我将尽我所能，在现有时间里做到最好。或者，如果你觉得今天我迟到了，不合适面试，我们可以另约时间。”

另外，谈判的场地也是需要考虑的因素之一。在中国的“入世”谈判中，无论是中美谈判，还是中欧谈判，中方都会要求轮换谈判场地，时而由中方去欧洲、美国谈判，时而邀请欧美方来中国境内谈判。主客场谈判的轮换对谈判进程、谈判局势也有一定影响。

注重风险管理

谈判面临着各种风险，如自然灾害、环境风险、感情破裂、离婚风险、被解雇风险、社会安全风险、政治风险、自然资源风险、地理风险等，一旦这些风险出现，就会有矛盾发生。

生活中人们不喜欢听到负面信息，他们总是对未来惴惴不安，生怕不好的事情发生，那些在别人热情高涨、预测乐观时说一些不好的话的人被称为“乌鸦嘴”。斯坦福大学教授让－皮埃尔·杜普依认为，那些宣称能预言世界末日和大灾祸的人，实际帮助了人们，因为他们想象到了即将来临的风险，比如即将碰上的一块冰川，所以船只可以改变航线，避开它。比尔·盖茨曾谈到，有一段时间，微软的所有人因业绩暴涨而飘飘然，像夺得冠军一样自我感觉良好，认为微软拥有最棒的软件。在微软自信心爆棚地发布 Windows97 操作系统时，很多内部预测的糟糕结果真的出现了，市场开始给比尔·盖茨很大压力。当时通用汽车总裁经常调侃说，如果我们像微软造软件那样造车，街上每天都会有交通事故。比尔·盖茨感叹说，他不得不向微软“注射激素”，就是招募那些被其他公司炒掉或从破产公司走出来员工，那些知道失败滋味的员工。这些人正好有能力和技巧来预见潜在风险，从而规避它。这些人仔细严谨，虽然可能说话不中听，但是会帮助公司避免未来遇到更大的问题。

遵纪守法

为了实现谈判双方的利益最大化，谈判时必须思考合法性。合法性是重要的利益底线和临界点，是新型谈判考虑的重要因素。如果负责谈判的部门不懂得法律法规，是不太可能达成协议的。例如，在某一个国家，一个濒临破产的企业，为了开源节流，选择不裁员却降低雇员 20% 薪水的方案，貌似合情合理，却触犯了这个国家的法律，因此在这个国家，这种企业战略行不通，还需要管理层与雇员们进行谈判。

标准

谈判的标准很多元，可以以道德为标准（例如我们可以不接受非道德谈判过程和非道德谈判策略），也可以以质量为标准，也可以根据市场状况和会计师的建议得出价格标准，或以中立客观的数据为标准，这些都被认定为可靠的标准。

妥协

我们可能只注意到让步是一种对对方的妥协，但让步其实是为了互利共赢。一开始我们会感觉受到损失或痛苦，但过后我们能得到对方的弥补。又如我分享了有用的知识，可我并没有失去这些知识，却成全了他人的进步。因此，从某种意义上讲，让步不是弱势的表现，而是互惠互利、实现共赢的手段。妥协不是让步，而是寻找出互惠互利的方案。比如我让利，以你为我做广告作为交换。共同做出让步使价值创造阶段的各种选择变成承诺并很可能成为现实，体现合作诚意。妥协和让步的策略有几种，如折中让步、多次折中让步、小幅让步等。

时间

谈判中还有一个引发冲突的因素是时间。赢得谈判的关键在于，在对的时间与对方谈判，在对的时间阐述自己的观点，把握时机，用发展变化的心态看待谈判。有的人喜欢在早上进行谈判，有人习惯在晚上进行。在这里，时间不仅仅是表面上的意思，例如谈恋爱是在一定时间内沟通交往以决定是分手还是结婚的过程，太早主动表态或者迟迟不推进进程都会影响感情，在感情磨合期内如何尽量摸清对方“底牌”，获取有效信息，有助于判断情感的未来发展方向。

一家日本公司与一家美国公司进行贸易谈判。谈判一开始，美方代表就滔滔不绝介绍情况，而日方则一言不发，埋头记录。美方讲完后，问日方有什么意见，日方仿佛什么都没听到，目光迷茫地说：我们完全不明白，请允许我们回去研究一下。就这样，第一轮会谈结束。第二轮，日方换了另一个代表团出现在谈判桌上，同样，在美方讲完后，日方依然没有发表意见，又说他们完全不明白，要回去研究一下，第二轮会谈又结束了。

第三轮，日方又换了一个代表团，第三次故技重演，只是这次日方说，回去后一旦有了结果，就立即通知美方。时间一晃过去了大半年，日方仍然没有什么消息，美方感觉很奇怪，说日本人缺乏诚意。正当美方感到焦躁不安的时候，日方突然派了一个由董事长亲自率领的代表团飞抵美国，在美方毫无准备的情况下，要求立即谈判，并抛出了最后方案，以迅雷不及掩耳之势，和美方讨论了全部细节，使美方措手不及，最后签订了一个对日本人非常有利的协议。这个谈判故事中，日本谈判团利用时间压力和谈判准备这两点，轻松拿下谈判，让自己的利益最大化。

时间对谈判的影响是巨大且显而易见的。有一个巴西公司的谈判代表团来中国和中国公司谈判，中国公司知道巴西公司的代表迫切要签下合同，这周五必须结束谈判，而且下周一必须飞回巴西交差。中国公司在周二和巴西代表团见面的时候只是非正式地打了个照面，礼节性地招呼了一下，并没有开始正式的谈判。周三的行程是带着巴西谈判团参观中国的名胜古迹，没谈合同签约的事，而且中方总是不断更换谈判团的成员，让巴西人摸不着头脑。中国公司的谈判策略就是不断把正式谈判时间推后，越往后推，巴西公司的成交压力越大，越没有进行谈判准备的时间和条件，最后中国公司不费吹灰之力就能拿下很好的条件。因为巴西公司一怕合同签不下来，二怕无法准时回到巴西交差，会面临各种惩罚，最后不得不尽快让步以求得结束谈判。知道对方的行程表和时间安排是极其重要的，对谈判非常有利。

与谈判高手谈判，时间把握要精准，不要显得特别迫切，即使内心很焦急，也要表现得镇定自若，冷静稳重地解决分歧，无论是否存在最后谈判期限（大多数谈判都有时间期限）。而另一方面，谈判高手的心理素质都超级强大，不会受制于最后期限。

在谈判的过程中，各个要素在每个步骤中的运用有所侧重，如下表所示。

表 4–1 谈判各要素在各步骤中的运用

十要素	各要素的运用情况			
	谈判准备	价值创造	价值分配	将谈判进行到底
背景	√			
利益	√	√		
方案	√	√		
关系	√	√	√	
权力	√	√	√	√
沟通技巧	√	√	√	√
遵纪守法			√	√
标准	√			√
妥协	√		√	√
时间	√			√

PART 5

新型谈判的二十六策略

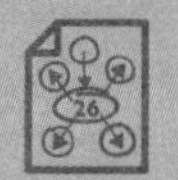

在新型谈判学中，有二十六种成为谈判高手的策略，下面分别进行介绍。

金钱

大多数谈判都是围绕着金钱展开的，很多人把金钱当作谈判核心。同时，金钱也是实现谈判的工具。所以使用金钱作为筹码来争取利益是这类谈判策略的核心。

设想你是美国总统选举委员会的主席，为了下周的总统大选，正在大量印刷候选人的海报。全部印刷完毕后，你发现根本没有得到摄影师的授权。没有授权，就会被起诉，说不定会进行巨额赔偿。但是现在更改摄影师和照片已经来不及，会影响总统竞选的整个流程。如何和摄影师沟通呢？巧妙的应对方法是：立刻和该摄影师通电话并进行沟通。告诉他有一个好消息和一个坏消息。好消息是候选人非常喜欢他拍摄的照片，照片已经入围竞选宣传照的角逐；坏消息是还有其他竞争对手同时入围。如果摄影师愿意提供 6000 美元的入围资金的话，需要立马准备好现金。可对方未必愿意也并不一定有 6000 美元在手上，所以可以把谈判点转移到照片授权问题上，并要求对方签字表示同意你使用照片。摄影师想着不需要交 6000 美元了，自然也就觉得很划算了。

情感侧击

新型谈判学中的一个策略是“情感侧击”，主要指运用各种情感力量感染对方以实现谈判目的。

最著名的案例当属孝庄劝降洪承畴的故事。皇太极为努尔哈赤的第八个儿子，正所谓青出于蓝而胜于蓝，为了实现努尔哈赤入关一统中原的夙愿，皇太极在锻炼中成长为一位杰出的政治家、军事家。虽然能干，可他也有头痛的事。比如劝降洪承畴一事，皇太极先后派出最具谋略的范文程等，洪承畴始终软硬不吃，不为所动。直到孝庄（当时为庄妃）亲自来到牢房，“以壶承其唇”，悉心照顾汤药直至洪承畴病愈，并晓之以理，动之以情，方才打动洪承畴，令其诚心投降。

制造谈判压力

制造谈判压力是当谈判双方就所谈问题存在意见分歧时，一方采取一定的方式或行动逼迫另一方，使其按照己方意愿行事，否则就要采取某种行动。这种压力迫使对方重新调整自己的条件，做出一定的让步。谈判压力一般分为谈判目标实现压力、谈判时间压力、谈判所需信息压力、谈判拖延产生的疲劳等。制造谈判压力往往可以迫使对方迅速做出让步。

制造谈判压力的办法有很多种，如谈判者抓住对方的差错或弱点来对对方施压，从而达到自己的目的。可以居高临下，脸色变红，嗓门提高，怒不可遏；可以怒气冲冲地退出会场；还可以保持沉默，含蓄地威胁。有的判断者常常在谈判一开始就很强硬，目的就是给对方施压，降低对方的期望值。时间是商务谈判中最主要的压力来源之一，故意拖延时间是一种常用的施压方式，尤其是当对方急于成交时，迫于时间压力，往往愿意做出更多的让步，这样就能很快谈判成功。

如果你开了一家店，大约已开张 1 年时间，一直在赔钱，但与房东签订的租约是 3 年，也就是说，如果要继续履行租约，还要继续营业 2 年。现在的问题是，增加这家店的收入非常不容易，也没办法减少开支。租金是每月 5000 元，几乎耗尽了这家店的全部利润。其实，很多创业者都面临类似的问题，开支中占比最大的就是租金。于是你给房东打电话，向他说明情况，希望他能够把房租降到每月 3600 元，这样你还稍有薄利。而房东回答道："合约规定房租是每月 5000 元，而且你必须再续租 2 年，没办法。"这时候，你会如何解决呢？

此时，可以这样制造谈判压力：你和房东说，本来应该按租约办事，可现在出了问题，情况非常严重，再过半个小时，你要和合伙人碰面讨论最后方案，如果房东不答应把房租减少到 3600

元，你们会选择关掉这家店。房东可能会抗议："那样我会将你们告上法庭。"你可以告诉他，如果他起诉的话，恐怕要 2 年时间才能立案。这时房东可能会说："我愿意把价格降到 4000 元，如果你们还是不能接受，3800 元可以。"

威胁策略

威胁通常表现在谈判过程中，谈判者通过语言或者肢体动作，利用对方的恐惧心理及对交易失败的担忧来迫使对方低头。这种方法对双方关系危害巨大，需要谨慎使用。威胁策略可能会激起对方的强烈反感而导致双方关系破裂，也可能迫使对方妥协进而获得预期结果。比如在夫妻谈判中，较弱的一方以分居威胁对方，而对方反感这种破罐子破摔的处理方式，根本不做出任何妥协，这时候，威胁策略其实毫无意义，谈判中千万不要搬起石头砸自己的脚。在谈判中，如能让对方坐下来静静沟通，可能比咄咄逼人有更好的效果。

在某些恰当的谈判时机，可以合理使用一下威胁策略。比如罢工示威、恃才威胁辞职等。不过需要注意的是，威胁需要控制在合法范围内，过激的威胁策略是行不通的。

艾柯卡在接手濒临破产的克莱斯勒公司担任首席执行官后，发现给员工减薪以降低成本是唯一能挽救公司的方法。他首先以身作则，把自己的年薪从近 40 万美元降到 10 万美元，接着自上而下将所有高管的薪资下调 10%。随后，他对工会领导说："我这里只有 15 美元时薪的工作，没有超过 17 美元的，你们自己想明白，接受不了的可以走人。"管理层和工会僵持了一年多，没能将策略实施。最后，艾柯卡给工会定了最后期限，并且声称如果他的提议不被接受，他将在 8 小时后召开新闻发布会，宣布公司破产。最后，工会怕公司破产会丢失工作，不得不答应管理层的要求。

设置一个更高决策者

杰克在装修新房期间，遇到一名推销员，将装修房屋要用到的产品和服务都推销遍了。为了达到一定的谈判效果，杰克就告诉他自己不负责采购和装修，只是了解一下具体产品的情况，给家人提供参考意见，但是最终的决策者并不是他本人。实际上，推销员很清楚，这是一种谈判技巧而已。通常而言，在营销过程中，对方说要请示某人，他很可能是在故意设置模糊的决策者，以获得谈判优势。

不露底牌

就像打牌是一张一张打出去一样，谈判中最重要的是拥有一张让对手看不到的底牌，关键时候才能让对手受到威慑。

2019 年 5 月 14 日，美国商务部宣布将华为及其 70 家附属公司列入出口管制“实体名单”。17 日，华为海思总裁何庭波在一封致员工信中称：“多年前公司做出了极限生存的假设，预计有一天，所有美国的先进芯片和技术将不可获得，华为仍将持续为客户服务。为了这个以为永远不会发生的假设，海思‘走上了科技史上最为悲壮的长征’，为公司的生存打造‘备胎’。如今，这些曾经打造的‘备胎’，一夜之间全部转‘正’。”“备胎”计划，既是华为多年来研发创新的结晶，也是应付突发危机的秘密武器。

任正非说，华为坚持做系统、做芯片，是为了“别人断我们粮”的时候，有备份系统能用得上。华为总裁办在《致员工的一封信》中说：“公司在多年前就有所预计，并在研究开发、业务连续性等方面进行了大量投入和充分准备，能够保障在极端情况下，公司经营不受大的影响。”

华为这个底牌的故事还远远没有完。5月22日，BBC（英国广播公司）称英国芯片设计商ARM将暂停与华为的全部业务，华为的“备胎”海思采用的就是ARM的专利，那怎么办？原来软银集团于2016年收购了英国ARM，收购完成后，孙正义将ARM拆分出ARM中国公司，并接受中资注资，控股比例为中资51%、ARM母公司49%。所以华为的海思处理器在ARM架构授权上可能不会受美国制裁影响。但是事情还在演化，各方都是不露底牌的高手。

在谈判中也是这样，掩盖己方的重要信息，不露底牌，从而迷惑对方，这是对谈判非常有利的。

互惠原则

在生活中，人们常使用互惠原则进行谈判，比如当商场里的服装卖家看到客户对商品有兴趣，但又觉得标价太高的时候，卖家就会尽可能地在价格上做出让步，以促进买卖成交。俗话说，吃人的嘴软，拿人的手短。如果有求于人，一般来说事先给对方好处，可以大大提高事情办成的概率。例如借钱时，我们通常会请对方吃饭，以达到顺利借款的目的。

从谈判策略的角度讲，每一次的退让都意味着回报索取。这种方式并不是贪婪的表现，而是获取更大谈判价值的方法，在谈判中，如何以退为进，获取更大的谈判价值呢？

需要特别注意的是，如果在退让时没有明确要求回报，别人会觉得理所当然，也可能得寸进尺，最终会破坏谈判双方的关系。有时候对方意识不到你的退让，所以必须通过索取回报告知对方，他得到了本不该得到的东西，至于最后是不是一定要回报，就另当别论了。

例如，向你买房子的人在交房时提出某个灯的开关出了问题，希望你修理，你可以告诉他，让他提前把家具搬进去其实是需要经过很多烦琐程序的，当对方知道你已经花精力帮了大忙，就不会再计较小问题了，这样的谈判交流也可以省去不少麻烦。

这些都是生活中真实的谈判案例。随着社会的进步，人们谈判智慧的提升，你赢我输的利益分配机制早已经被摒弃，在当下的谈判环境中，与人为善、互利双赢才能真正实现持续合作，谈判双方也才能真正地长久共存。

忠诚信任

诚信是个人、企业和国家的立业之本，也是达成谈判互信的关键。在谈判中最令人愤怒的就是遇到不真诚守信的谈判者。判断对方是否有诚意并非易事。鉴于东西方对诚信文化的理解存在差异，为与国际接轨，我们必须明确抵制失信行为。

英国剑桥大学对商业信任进行研究时发现，信任对业务的开展尤其重要，在商业往来中信任第一，无论何种文化背景下的人都渴望发展良好人际关系。那么信任是如何建立的呢？实际上，不同的人对信任的定义并不一样。

就东西方对信任的定义而言，其主要差异在于其建立的过程。通常而言，信任被认为是一种积极的期望，是希望对方诚实和真诚行事，自己不存在被利用的风险。一般来说，西方国家在谈判之前会默认对方值得信任，除非发现对方做了不值得信任的事情。而在中国，人们并没有这么大的安全感，谈判过程中总是需要对方证明他是可以被信任的，我们才会产生信任感。因此，在中国做生意的前提是建立信任，而西方国家习惯于立即做生意，做生意和建立信任是同时进行的。

也有人发现，美国人的信任可以分成两个部分，合作前只要满足其一就可以：信任专业能力或信任人品。而中国人信任的建立必须同时满足这两个条件。信任到底有什么作用呢？不同文化下的人对信任的最初功能定义是有差异的。在中国，信任的主要作用是建立最初的安全感。在西方，信任是为未来提供更多机会和可能。西方崇尚个人主义，在这种文化中，人们需要建立联盟和网络来生存。因此，人们学会了采取更积极的方式来建立关系，默认信任成为常态。而中国崇尚关系文化。“关系”指的是紧密的社会网络。在一定的关系网中，人们之间几乎自动就有信任，但信任从来不会超出关系的范围。因此，只有当一个人确信一段新关系不会受到威胁，而是会维护一个人的利益时，信任才会产生。

因此，若想建立业务关系，从中国人的角度来看，首先需要建立信任，然后才能开始合作，因此外国企业代表需要花时间发展关系。当他们认为已经在讨论商业交易时，可能中国同行仍在做相关评估。这时他们可能会感到沮丧，因为生意似乎没有任何进展，但一旦被视为值得信赖的人，事情就会进展得很快。在最初阶段，还没有个人关系存在，试图采取组织聚会等手段可能会适得其反，这时需要展示的是公司的价值和他们的能力、专业知识。

一旦建立了商业关系，就需要在这个基础上继续努力，在商业过程中始终真诚互信将有利于长期业务合作。尽管建立信任是高度耗时耗神的，但得到的信任可能是永久存在的。

蚕食策略

蚕食策略是一种让对方一次又一次做出妥协让步，从而获得谈判利益的策略。即使谈判双方已经就所有问题达成共识，一方依然可以通过这种策略让对方给出更多好处，甚至让对方做一些起初不愿意做的事情。汽车销售人员们非常清楚，如果一开始就报高价，对方可能会立即产生抵触心理，另选别家，导致生意做不成。这时候，谈判高手首先会让客户产生一种在这里买车的想法，当谈判进行一段时间后，才逐渐提出一些微不足道的要求以达到销售的目的。

另外，在家庭生活中，也可以使用这种策略达到目的。假设你的孩子有三个愿望：去美国旅行，得到 1000 美元的旅行费，得到一个新旅行包。孩子一般开始会说他想去旅行，然后告诉你是想去美国。临行前，他会要 1000 美元。最后一切准备妥当后，他再和你说旅行包旧了要更换，不然朋友同学要笑话。就这样通过不断谈判将需求讲清楚，并最终达到目的。

诱导策略

诱导策略的本质是转移对方注意力，进而达到自己的目的，比如让对方降低商品价格。这种策略容易将谈判者置于两难境地，在给对方压力时，也容易让对方产生对抗情绪。在一次有关运费的谈判中，客户希望 90 天内从陆路把货物送达，并由服务提供方支付运费，而正常情况需要 120 天，双方争执不下。这时候服务提供方就可以提出转移客户注意力的借口，指出 90 天的期限只能安排空运，且对方需要先付款，否则就没有办法合作。这时候客户碍于一时半会儿无法找到替代品，不得不答应条件，服务提供方不仅省去了运费，降低了成本，还快速促成了交易。这种方法的使用，通常是虚设外力，比如虚拟竞争对手，间接告诉对方形势紧迫，将压力转嫁到对方，促使对方尽快做出对自己有利的决定。为快速促成谈判，这种策略经常被使用。

认识文化差异

无论是在商业上还是在生活中，文化差异都会带来一些问题，跨国贸易中充斥着大量因为文化差异导致谈判失败的案例。谈判国的文化和人文特质会左右谈判的发展和变化。

在欧洲，谈判过程中寻求法律咨询甚至诉诸法律是很常见的，也是谈判过程的一部分，这是典型的西方思维。但是在中国，要是双方谈判，一方却把对方公司告上法庭，那就会被认为冒犯了对方。

法国达能公司和中国娃哈哈谈判时就犯了这个错误，没有意识到中法文化的差异，一边和娃哈哈谈未来拥有彼此多少股份，一边上诉至欧洲法庭寻求解决方案，导致谈判不能顺利进行。

同属法国企业的知名公司施耐德和中国的正泰集团谈收购计划，也是一边准备谈合作，一边在法庭上和正泰“打知识产权官司”，这种思维是欧式商业文化，对欧洲人来说很正常，但是却让中国企业困惑不已，合作自然就没有很好地进行下去。

在生活中也是这样。比如就婚前协议这一点，不同国家的人会有截然不同甚至相反的看法。在东方，人们认为如果不信任一个人的话就干脆不要和他结婚，婚前协议是在结婚前想着离婚后安排的不信任人的表现。但西方人，比如美国人就不这么想，美国人在生活中随处使用法律，认为生活中存在大量风险，签署婚前协议是一种理性行为而非不信任对方的表现，是针对生活风险的防范措施。

同理心、爱与关爱

《哈佛商业评论》2013 年 5 月曾经发表一篇评论文章，主题是如何让企业获得更高利润，提出关键点或决定因素是对客户善良、慷慨、友善、关心，对员工和股东也是一样。企业想获得更好的利润，都应该践行友善待人这一点。

谈判最核心的方法是营造和谐的关系，和谐关系有利于谈判的实现和交易的达成。特蕾莎修女说，和平来自微笑。中国人也说，和气生财。会心地微笑，而非戴假面具、隐瞒、虚张声势，给谈判注入一种友善真诚的力量。

电视剧《芈月传》中，芈月最后智斗芈姝皇后，她并没有直接砍了昔日恩怨交加的同父异母姐姐，而是回忆了两人小时候相亲相爱、一起玩耍的场景，唤起了姐妹情深，让芈姝彻底明白自己所作所为的错误。最高的谈判技巧莫过于运用情感的力量，营造和谐的双方关系。

永远不接受第一次报价

如果你打算买一辆二手车，经过比对，你发现车子报价 10 万元，性价比非常高，恨不得马上付钱把车开回家，在去提车前你对车主还价 8 万元，正准备等着对方勃然大怒地把自己骂一顿，对方却非常平静地对他妻子说："怎么样？"对方妻子说："好吧，8 万元卖给他。"这时，你肯定觉得还有可能以更低价格成交。

所以，永远不要接受对方的第一次报价，无论对方报价是高于还是低于你的心理预期，都要不露声色，这样才能产生谈判空间。

田忌赛马

田忌赛马策略是指深刻分析自己的优势来凸显竞争对手的劣势，用巧妙的方法战胜竞争对手。

1996 年，美国出现互联网产业发展热潮，美国在线公司的所有消费者纷纷提出提升网络浏览器体验的要求，美国在线虽然取得了商业上的成功，却给消费者留下网络滞后的印象。高层管理者觉得这种印象如果继续扩散，会影响和损害他们的企业形象，不利于业绩的持续性增长。美国在线迫切需要通过高品质的浏览器提升公司形象。在白热化的竞争中，网景和微软公司分别与美国在线谈判，希望对方使用自己的浏览器。

两个公司的优劣势非常明显：网景公司的 Navigator 浏览器技术精湛，占 75%~80% 的市场份额，微软 Explorer 浏览器技术落后，市场份额仅有 3%~4%，勉强立足。

在这样的竞争态势下，傲慢的网景公司向美国在线提出了高昂的单次使用费。和傲慢的网景相反，微软不仅谦逊地给予优惠，还承诺在数年内为美国在线提供一整套技术服务，以帮助美国在线提升整体形象和品质，创新性地提出了将美国在线和微软的 Windows 操作系统捆绑销售这个极其关键的共赢策略，这是技术优势明显的网景公司没有想到的策略。

在这次谈判中，微软虽然在浏览器技术上略逊一筹，但是机智地将谈判重点从技术交易转向服务交易，没有与对手比技术，用胜人一筹的商业智慧取胜。

联盟

中国俗语有云：多个朋友多条路，朋友多了路好走。现代生活中的各种谈判更多时候不再是一对一的个人行为，而是两个甚至多个团队结盟后和对方进行沟通的行为。很多商业性、国家间的谈判是双边或多边的，中国的“入世”谈判就是最典型的系统性谈判案例。

中国与 WTO（世界贸易组织）的 37 个主要成员国进行了长达 5 年的拉锯式双边谈判，其中最艰巨的莫过于中美和中欧谈判。欧盟是欧洲国家结成的联盟体，形成了强大的综合实力，加强了国际议价权。中欧“入世”谈判是谈判学中联盟谈判策略的最佳案例。

欧盟在中国“入世”问题上的态度一直是积极支持，因为欧盟认为中国“入世”对欧盟的整体利益有极大的好处，所以在多种正式、非正式场合都支持中国“入世”。在完成艰辛的中美谈判后，中方原本以为和一直秉承友好支持态度的欧盟谈判会非常顺利，可事实并非如此。欧盟提出，如果按照中美协议，欧盟只得到 80% 的利益，所以要为剩下的 20% 的利益进行持续谈判，最后，欧盟在电信、保险、银行、关税等方面获得了比美国更多的利益。欧盟能比美国获得更多利益与这个谈判联盟的内在构成有很大的关系，凸显了联盟谈判的优势。

欧盟国家地处西欧这个世界最发达的地区之一，实力雄厚，贸易体量大，因距中国较远，与中国没有实质性的战略利益冲突，与中国的经贸合作广泛而活跃。欧盟是世界上经济一体化程度最高的区域组织。欧盟的对外经济政策决策机构由五个重要决策者组成：欧洲联盟委员会、欧洲联盟理事会、欧洲理事会、欧洲议会和欧洲法院。结盟的目的是统一对外，在各种谈判中拥有与联盟实力相符的强大议价能力。但每个欧盟成员国既有相同利益，又有不同利益。为了避免被动，面对复杂多样的情况，欧盟内部有一定的协调机制，这造成它们的利益诉求更细致多样。

另一个突出的联盟案例是巴西，这个发展中国家非常擅长结盟合作。在卢拉担任总统后，巴西与中国、印度、澳大利亚、非洲国家及拉丁美洲国家结盟，这个仅有2亿居民的新兴经济体突然在各方面表现得更强大了，在GDP方面能和欧洲媲美。卢拉上台后的巴西大量使用结盟策略，使得这个发展中国家的人——罗伯托·阿泽维多能出任WTO总干事。当权力不平衡的时候，各种结盟策略使巴西在多种投票场合获得各盟友的支持。

还有一个联盟案例是，巴西巨型矿业集团淡水河谷公司（VALE）在开矿过程中出现严重事故，导致大坝崩塌，造成至少247人死亡，死者家属没有按照公司流程单独领取赔偿金，而是结成联盟到巴西国家法院起诉，最终法院判决淡水河谷公司支付的赔偿金额共计达到10.7亿美元，多于家属们单独领取赔偿金的总额。

类似这样的结盟谈判是为了获得最大利益，增强自身议价能力，让谈判朝着己方想要的方向顺利发展。

钳子策略

钳子策略简单来说就是在报价还价之后，表示不满，给对方压力，以让己方获得更大利益。一般来说，经验不足的谈判者会在对方不满时立刻做出让步，谈判高手则不会马上让步，而是坚持到最后需要让步之时。

让我们先来看看使用钳子策略，发生在两位谈判高手之间的特殊沉默谈判：

两个经验丰富的谈判高手一言不发，端坐着等对方先松口，这是谈判高手们常遇到的场景，房间里一片安静，只听得见时钟的嘀嗒声。双方都很清楚对方在想什么，但是谁都不示弱。随着时间的不断流逝，更有经验的谈判者首先打破僵局，但是他没有开口，只是在一张白纸上潦草地写下“最终决定”四个大字，然后轻轻推给对方，对方看了一眼，连想都没想，就立刻说道：“你把‘决定’写错了。一开口，他就无法停下，说：“如果你无法接受我的条件，我可以把价格提升 2000 美元，这是我能够接受的最高价。”自然，前一位谈判高手胜出。

另一个案例是，加州的信贷公司在当地的一家酒店里安排了培训，酒店经理抱着几瓶酒走到公司总裁面前，介绍说，如果大家需要红酒，他可以以 22.5 美元一瓶的价格将这种酒卖给他们。总裁讨价还价："我们这么多员工，你应该给一个更便宜的价格。"经理非常不高兴，但补充说，如果所有人都用这种酒的话，可以降到 15 美元。总裁正要表示同意时，旁边的秘书还价 10 美元。经理有点愤怒，说："最低 13.5 美元，从来没这么低过。"总裁虽然听过谈判中的钳子策略，但没有在现实生活中用这一策略做过谈判，直到这时，他才明白谈判策略真的非常有效。

知彼知己，百战不殆

正如用兵一样，想要赢得谈判，首先要对双方的谈判方案甚至替代方案了然于胸，这样方可在双方的底线之上达成交易。

有一个名律师接了一个棘手的案子，他让律所里所有年轻人都去阅览室研究判例，罗列帮助原告胜诉的重要论点。几周后，年轻律师们集体走进老板的办公室，开心地告诉老板他们整理的结果，并说案子对原告非常有利，一定能打赢这场官司。听了年轻律师们的论点陈述后，老板告诉他们，事实上律所是被告雇用的，年轻律师们脸上愁云密布，纷纷表示情况对被告相当不乐观，会有极大的概率败诉。老板让他们少安毋躁，既然已经知道了原告的优势，就可以制订针对性的辩护方案。最后律所帮助被告打赢了这场官司，这就是“知彼知己，百战不殆”。

我们在谈判前，需要知道对方的身份，弄清楚对方真正想要的是什么、动机是什么，还有如何以最巧妙的方式去实现对方的各种心理愿望。

契合对方的价值观

有位长者在一次旅行中对当地的民族工艺产生了浓厚兴趣，他找当地工匠要求无论如何把一件工艺品卖给他，但作品尚未完成，工匠拒绝了长者。三天后，长者又来看，发现这件艺术品比三天前更精美了。工匠却说，这件作品他还很不满意，不能卖给任何人。可是长者在这里的旅行第二天就要结束了，作品如此精致，托运肯定行不通，怎么处理才能两全其美呢？长者对工匠说："我去过世界上这么多国家旅行，看过无数美丽的东西，但是像您这样对艺术如此执着的艺术家我还是第一次遇到，由衷感到钦佩。为了能永远记住您这份执着和对艺术的热爱，请允许我把这件未完成的作品带回家。很多杰出的艺术品都是没有完成的，如果我带回去了，以后任何人看到这件作品，我都将把您的故事告诉他，您的高超技艺和对艺术的热爱将广为流传。"后来，工匠答应了长者，长者顺利带回了心爱的半成品。

这次谈判成功的原因在于：长者抓住了工匠的艺术家心理，表达了自己对作品和工匠真诚的喜爱。让工匠觉得与其继续雕琢还不如让他带走作品，这样更能体现这件作品的价值。一个非理性的谈判对手，比如艺术家，在他的价值观里，可能是艺术价值高于一切，金钱对他而言并不如一般人认为的那么重要。谈判时需要了解对方的价值观，或者说了解对方的三观，绝对不要将自己的价值观强加于别人。

萨拉米策略

萨拉米策略，简而言之，就是把利益分成细小部分，每次争取或者放弃都用其中一部分去换取想要的利益。

千万不要在谈判一开始就一降到底。我们需要避免一步让到位的谈判方式，一步到位绝对不能让对方产生感激之情。这种单边缴械其实是对方最希望看到的，他们让你把价格一降到底，然后告诉你他们不喜欢讨价还价，他们做生意的习惯是认真对待客户，不讨价还价，他们一直都是这么做的。这种方法就是为了让你直接给出最低价。所以每次还价的时候，可以先稍微降一点，确立最佳让步模式，一定要逐步减小让步的幅度。而对对方要每次多要求一点，再多一点，直到对方不知不觉已经让步到了原本不可能让步的程度。

让步幅度不能一步比一步大。谈判策略是为了避免让大家吃力不讨好，如果你第一次让 400 元，第二次让步 600 元，并告诉对方这是底线，一分都不会再让，可是因为最后一次 600 元的让幅太大了，就会让人觉得这绝对不会是最后一次让步。反过来，如果第一次让 600 元，第二次让 400 元，倒是可以理解，对方会估计第三次的降价幅度是 100 元或者干脆不让，因为这样比较符合逻辑和习惯。如果从小到大让步，而最后你连 10 元、1 元都不肯让，对方会觉得你不讲情面，产生敌对情绪。

折中策略

最终报价时有一种策略叫作折中策略，还有一种叫多次折中策略。

墨西哥曾向美国政府申请贷款 820 亿美元，数额巨大，双方就美方得到的回报无法达成一致，导致谈判陷入僵局。美国谈判团队想出了一个非常具有创造性的谈判方案。墨方可以贷款，但需要向美方提供大量石油，协助完成美国的石油储备战略。这次借贷本来墨方应该支付 1 亿美元作为利息，但美国要求以谈判费的方式支付，墨方听后直接拒绝了。显然，美方想争取 1 亿美元，墨方希望支付 0 美元，差距太大。最后协商的结果是各自退让一步，取了中间值 5000 万美元。

下面是运用折中策略的一段对话：

甲方：你们支付运费的话，我们就成交。

乙方：我们不可能包运费啊。

甲方：交货周期呢？

乙方：60 天。

甲方：可我们希望是 90 天。

乙方：第一笔订单可以给你 90 天。

甲方：运费呢？你来支付？

乙方：不可能啊，没这方面的预算。

甲方：你来支付前三批的运费，6 批货物的一半。

乙方：我们支付不起这么多。

甲方：那么这样好了，如果你承担前三批货的运费，我就同意你所有货物 60 天的交货周期。

乙方：我们承担前两批。

甲方：好吧。

鄙视

鄙视就是以各种轻视、挑刺的方式对待谈判对象，让他自惭形秽，自我降价，感觉没有资格和我方谈判，自动降低谈判条件，以达到我方利益最大化的目的。

正确的做法是谈判之前调整好自己的状态，看清自己的处境和价值。也许你可以早点去谈判现场坐一会儿，然后控制好身心状态，做一些鼓励自己的动作，说一些自我激励的话，或许这样你的思维状态会维持在胜利的氛围里。可以在对方面前摆一个充满力量的姿势，保持这样的状态，非常自信地告诉他：“我已经在这里等了 20 分钟了，我不想再等一个小时了，你下次再约时间吧。”你表现出镇静和强势，同时充满警告，这会传递给对方信息：他不是上帝。

相反，如果把自己定位在服从卑微的位置上，一边等一边看手机，你会感到很痛苦，心情不好。当对方到达，你小心翼翼地走进房间，心情也不会好到哪里去。对方可能会摆出老板的姿态，强势地说，我看过你的提议，还有其他的供应商在这儿，我稍后再和你谈。你等了一个多小时，与对方只见了一两分钟谈判就泡汤了。很多时候，身体语言比说话更能准确传达信息，所以管理好自己，不要以这种低顺的姿势对待谈判对象，在他进来之前先将一切状态调整好，就像拳击比赛前的热身一样，带着冷静、果断、平等的心态去和对方谈，正确对待对方的各种反应。对方自负傲慢，你则不卑不亢，以调整谈判状态。

一家果品公司的采购员到果园与果农展开了如下一段对话。

采购员：苹果多少钱一斤？

果农：4元。

采购员：3元怎么样？

果农：少一分都不卖。

采购员：商量商量怎么样？

果农：没什么好商量的。

采购员：不卖拉倒。

采购员去了另一个果农那儿询问。

采购员：多少钱一斤？

果农：4元。

采购员：整筐卖呢？

果农：零买不卖，整筐4元一斤。

采购员也不急于还价，而是不慌不忙地打开筐盖，拿起一个苹果掂量着，端详着，说：个头还可以，颜色却不够红，上市卖不出价的。

接着摸出一个小苹果：老板，您这一筐，表面是大个的，下面是小的，这怎么算啊？看，这里不是还有虫咬过吗？还有弄伤的。您这苹果既不够红，又不够大，还有伤，无论如何算不上一级，最多勉强算二级。

这时，果农沉不住气了，和气地说：您真的想要，您还个价吧。

采购员：这年头，农民也不容易，3元一斤吧。

果农：那可太低了，您再添点呗，我就指望这苹果能过上好日子。

采购员：好吧，看您也是个老实人，交个朋友，3.1元一斤。我全包了。

这里要特别注意的是，鄙视策略也会对谈判产生负面影响。如果被鄙视的一方出现强烈负面情绪，可能会给谈判双方带来两个问题：第一，负面情绪可能会让人注意力不集中，清晰并富有创造力的思维能力将消失；第二，负面情绪可能让人变得脆弱，进而影响行为。随着坏情绪升级，人可能会做出过激行为。因为在气头上，可能会口不择言，还可能一时冲动离开会场。

鄙视引发的负面情绪可能直接导致谈判中止。很多谈判中都会出现这样的情景。有一位女士，她感觉自己每次发言都会被对方首席谈判者打断，似乎她的发言微不足道，不值得仔细聆听。这位女性谈判者越来越生气，认为对方对她不认可，负面情绪影响了她的思考，也失去了提建议的能力。这就是鄙视谈判策略，有时候不太容易让人察觉却影响情绪，需要考虑后果，慎重使用。

额外让步

额外让步是指在所有谈判内容大体达成一致之后，和对方就额外内容进行谈判并且索要利益的过程。因为大体谈判内容已经商定，大家心头的石块已经落地，很容易做出一些不理性的让步，这时候很容易获得额外让步利益。

有一个飞机租赁的案例，甲方是飞机持有者，乙方是航空公司。当双方快要成交的时候，乙方要求额外让步，比如多提供一些轮胎、维修手册、额外补贴，还有一些很琐碎的小东西。甲方原本十分愿意成交的，但考虑到谈判中不能白白做出让步，也希望从对方手里换取想要的利益。正当双方讨论额外让步细则时，乙方的一位总监打破沉默，他对着他们自己的成员说："真搞不清楚你们要这些额外的轮子、维修手册、技师干吗？我们可以自己复印，也没地方存放这些零碎的东西，还要养一群不需要的人。"他对自己同事提出的条件一个个进行驳斥。他的领队不断摇头，而甲方则兴高采烈地鼓励他说话。我们都不希望团队里有这样的谈判者。

额外让步策略完全是一种双赢的谈判技巧，除了可以让谈判进行得顺利之外，还有一个好处就是把双方的蛋糕做大，创造更多的谈判价值。

胡萝卜加大棒策略

胡萝卜加大棒策略有时候很有效，但对于深知这种谈判策略的人却不奏效。“胡萝卜”常常给人温和亲切的印象，能充分调动人的主观积极性，但并不能特别持久，也会助长对方得寸进尺的想法，同时使用“大棒”能充分发挥两者威力。因为和胡萝卜相反，大棒代表强硬处罚、严格控制、后果严重。这种谈判策略不仅现在多用于外交领域，更适用于父母与孩子谈判。

在外交领域，希拉里·克林顿在《艰难抉择》一书中讲到，许多国家在外交谈判上都用胡萝卜加大棒策略。但太过频繁使用这个策略也可能使双方关系恶化，因此已经不提倡在现代外交中使用这个策略，以免引起冲突和战争。

欲擒故纵

欲擒故纵策略源自《孙子兵法》，也可以运用到现代谈判中。

谈判双方利益同时存在一致性和差异性，需要求同存异，看清共同利益和矛盾所在，避免无畏摩擦，实现互利共赢。欲擒故纵策略是指，对于志在必得的交易，在谈判中故意通过各种措施，让对方感到自己是满不在乎的态度，从而压制对方开价或者提出更多利益诉求，确保在己方预想条件下成交。

使用欲擒故纵策略最关键的是，辨别对方的假信息或假象，不被蒙骗，同时务必使对方相信自己想要让对方看到的信息。具体做法是，保持半冷半热的态度、不紧不慢的状态，如日程安排不急切，回复不及时或不予理睬，在对方强硬时任其表现，采取“不怕后果”等轻蔑态度等。如下面这个案例中，里根团队很好地运用了欲擒故纵的谈判技巧，巧妙化解了国防开支庞大导致的财政危机，同时也拒绝了350万政府雇员集体加薪的要求。

美国总统里根在任时，遇到了一个非常严重的问题。庞大的国防开支和减税政策让整个国家出现了财政赤字。这时350万政府雇员申请加薪，里根拒绝，雇员非常不满，这让里根的处境变得雪上加霜。

里根宣布了下一年度的预算，财政赤字不仅无法让里根给政府雇员涨薪，还有可能降薪以减少赤字。本就已经民怨沸腾，怎样才能既把350万名雇员哄好，又让赤字变得好看一点呢?

里根正式召开了新闻发布会，表示加薪是不可能的，他又补充说:“事实上，我们决定把政府雇员的薪水减少5%。”350万政府雇员们无法接受不加薪反而降薪的现实。

混乱状态维持了两个多星期。350万雇员尽情发泄，却一直被里根政府晾在一边，直到他们发泄完了，因为害怕减薪，最后也服从了政府，民怨渐渐平息。里根再次召开记者招待会，非常诚恳地说:“我非常在乎这350万政府雇员，我们是一家人，将心比心，减薪让我非常痛苦，这几个星期的每个夜晚我都一直失眠。我决定不减薪了，我们要保证员工们拿到他们原来的工资，我们用别的方法来削减预算。”350万政府雇员集体松了口气，大家高呼里根是美国历史上最好的总统。

红脸白脸策略

白脸红脸策略是指友善与强势的人同时给对方施加压力，诱导对方妥协的谈判策略。

美国大富翁霍华·休斯需要大量采购飞机，他有时候会亲自与某飞机制造厂的代表进行谈判。休斯以性情古怪、脾气暴躁著称，他一下子向对方提出了 34 项苛刻的要求，而且在谈判过程中分毫不让，很多次谈判都进行不下去。后来，休斯派他的私人代表去谈，没想到，私人代表在极短的时间内满载而归，对方竟然满足了 34 项条件中的 30 项，包括 11 项非常苛刻的条件。

霍华·休斯问私人代表是怎么做到在如此短的时间取得这么大的收获的。私人代表说："很简单，每当谈不下去的时候就和对方说，你到底是希望和我谈，还是和我老板霍华·休斯谈。结果就是，对方毫不犹豫地接受了我的要求。"很明显，霍华·休斯和他的私人代表就是一个扮演红脸，一个扮演白脸。

白脸红脸策略在很多谈判中都非常有效，在不导致对抗情绪的情况下，可以给对方施加压力。让一个模糊的更高权威者做白脸，可以在不惹恼对方的情况下给他巨大的压力。有时候还可以虚构一些比谈判桌上的白脸更强硬的人物。反过来，当我们遇到对方带着一个扮演白脸角色的人物出现时，不妨在谈判开始时就直接告诉对方：“我知道你是来扮演白脸的，你还是想想怎么实现互利共赢，而不是吓唬我吧。”

道德

有一些人觉得，通过谈判，努力为自己争取最大的利益并没有什么不对。但是有些谈判策略是不道德的，我们倡导谈判道德的唯一性和不可动摇性。

有一位老总，他的公司正在被其他一家公司收购，收购合同签订后他被邀请参加新闻发布会。可是他心里一直觉得自己的报价不够高，在临开新闻发布会之前，告诉对方希望加价 50 万美元，结果对方却一口答应了。为什么对方公司能接受？因为他们宁愿再支付 50 万美元，也不希望临时取消新闻发布会。在你看来，这种在紧要关头坐地起价的谈判在道德上有缺失吗？

关乎道德和伦理的观点因人而异，这往往也是一个灰色地带，因为不同的底线会导致不同做法。不过我们相信，信守承诺、行为公正、恪守谈判道德能够带来更长远的利益，也有利于我们内心的宁静。

谈判策略补充

除了上面提到的谈判策略外，这里再补充一些谈判策略。

学习外语

使用对方的语言可能会增加谈判成功的概率，更容易建立彼此之间的信任，达成交易。有统计显示，在跨国贸易中，如果使用客户或采购商的母语来交易，成交率会提高90%，这也是学习语言的价值所在。

说“不”的艺术

谈判并不是不顾一切取得胜利，而是要懂得用委婉的方式拒绝。学会说不也是一门谈判学问。在谈判中，我们会经常说“不”，也经常听到“不”，更要经受住别人说的“不”。谈判中的“这次不行”或者“不好意思”，“我们不能合作”“感谢您给我机会”“感谢您的配合”等可能会转变为下次的“是”。因此这次虽然没有达成协议，我们也要彬彬有礼、诚心诚意，不冒犯、不侮辱对方，做到“买卖不成仁义在”。在谈判中，我们要在攻防过程中，试探性地说“不”，可能因为己方的错误，可能因为缺乏自信或对谈判没有兴趣，更多的时候其实是因为对对方不信任，我方才说“不”。另一方面，谈判者的心理素质要非常强大，面对多次的“不”，要了解到如果不理性地接受这些“不”，就会切断双方沟通的桥梁，失去谈判希望，所以要练就接受“不”的心理能力，理性决策。

“少数服从多数”的再思考

投票决定通常被认为是考虑大多数人的意见，一直被作为群体决策的一种方式。在西方国家，民主决策是根据大部分人的意愿决定的，即使个别人不同意，但大多数人说了就算，美国的总统竞选也是如此。其实牺牲少数人的利益有时也是不明智、不理性的，少数服从多数有时也不科学。劳伦斯·萨斯坎德的《打破罗伯特规则》里面也分析了因为少数不敌多数，最终做了兴建核电站的错误决定的案例。

送礼艺术

在谈判中还存在着送礼艺术。这也是很多人用来培养感情，获取联系、合作可能或友好关系的方式。但不同国家有不同的规矩，在国外，合作公司不接受超过 100 美元的礼物。在这点上，中国也日益国际化，许多企业明确规定不能接受利益相关方的任何礼物。送礼物需要依据对方的情况而定，在有些国家，甚至不能送印有医药品牌的笔给医生，因为这会影响他们开药时对药品的选择。从一支笔到 100 美元，送什么礼物取决于对方是什么样的公司和国家。要注意把握送礼物的尺度，表达心意即可，毕竟你不想对方因这份礼物而感到尴尬，同时你也期待得到一些回报。送礼物并非指用恶意的手法诱使他人违法。可以选择一些有趣或让人感动的礼物，这样或许更有价值。

无论是在外交还是在商务层面，礼物在感情交往中都是很重要的。情人节的时候你会送什么礼物给女朋友呢？如何通过一份礼物让她每天想到你？尝试去寻找能使人愉悦，能让你们有特别的情感联系的礼物。或许情诗里的几句话，能比一辆豪车带来更好的效果，所以要试着去了解你到底想要和这个人建立怎样一种关系。

生活中的谈判学可能有更多的秘密等待我们去发掘。

结　语

值得欣喜的是，2018 年的畅销书之一《当下启蒙》（*Enlightenment Now*）的作者斯蒂芬·平克通过细致观察，得出了未来会越来越好的乐观预测。时代滚滚向前，世上唯一不变的就是变化。数字经济时代，人工智能、大数据、区块链技术日新月异，不断影响着我们每个普通人的生活方式。

新型谈判学是一种全新的谈判体系，其思维模式是协调共建谈判双方的价值观、信仰和心智。本书运用大量翔实的谈判案例，逐一分析新型谈判学的谈判者类型，教会我们面对不同谈判对象，具体问题具体分析，进而制订谈判方案。同时书中用大量案例讲解了谈判四步骤，解析了影响谈判的十要素和二十六策略，帮助读者轻松掌握谈判技巧，成为谈判高手。新型谈判学还创造性地使用 RING 大数据平台，集思广益，是数字经济时代和共享经济时代的谈判学创新，希望国家、组织、企业重视大数据化的数字谈判方式，与时俱进，跟上时代发展的浪潮。生活中的谈判无处不在，但现实是大多数人没有学习过谈判学，希望本书可以帮到大家。

后　记

新型谈判学是区别于哈佛七要素谈判法、沃顿商学院谈判理论的一种新的谈判学理论，是一种倡导和谐、智慧、正能量，提供在具体商务、政治、经济、生活场景下，解决各方利益冲突，实现合作共赢的创新谈判风格。

近年来，谈判发生了很大的变化，国际和跨国谈判日渐增多，突破了原来仅仅在本国范围内的谈判场景。在生活品质追求越来越高的今天，谈判不可能像过去那样拼个你死我活、非赢即输，而应该友善待人，尊重不同个体的差异和不同文化背景，实现各方利益的求同存异。相信“四步骤 + 十要素 + 二十六策略”的框架，加上每个要点的众多经典案例分析，可以让读者们更清晰明了我们想传达的谈判思维、价值观和策略，帮助大家赢得谈判的胜利。

希望本书中的经典故事，能够帮助大家领略到谈判的魅力和智慧，让大家更加适应新时代的发展变化。希望作者们的努力，能够帮每一位读者明了谈判规律，增强自信心，更好地管理情绪，运用谈判策略，争取谈判优势。

在本书的出版过程中，得到了各方朋友的大力支持，感谢清华－巴黎九大 DBA（工商管理博士）项目、杭州师范大学外国语学院、深圳国际仲裁院、浙江省商务厅、中央电视台国际频道、阿里巴巴集团 B2B 中西部业务部门及中小企业部门等的信任与支持。这里特别要感谢中国译协服务委员会委员、墨责文化林凡林先生的帮助，从杭州师范大学毕业后担任助教的何璐璐的大力支持。对热心为我们的书写序的吴玉华先生，以及为我们写推荐语和评论的朋友们，在此表示由衷的谢意。

本书特别适用于企业管理者，政府工作人员，商学院、政治经济学院的本科生、硕士和博士，以及职场中想要提升自我、提高成交量和企业业绩、完善自我、协调各种人际关系、爱好并从事谈判工作的每一位热心读者。

因作者专业和学识有限，加上本书理论和案例容量较大，驾驭起来略有难度，书中的错谬在所难免。欢迎广大读者给予批评指正，您的指点是对我们最真诚的帮助和提升，我们一定虚心接受意见。

本书作者

2018 年 8 月 26 日凌晨

参考资料

1. R. Axelrod, *The Evolution of Co-operation*, New York, Baric Books, 1984.

2. M. Bengtsson, S. Kock, "'Coopetition' in Business Networks—to Cooperate and Compete Simultaneously", *Industrial Marketing Management*, September 2000: 411—426.

3. K. Binmore, *Game Theory and the Social Contract, Vol. 1: Playing Fair*, Boston, The MIT Press, 1994.

4. K. Bordone, "Breaking Free of Gridlock in the Negotiation Process", Havard Law School, 2010.

5. H. Clinton, *Hard Choices*, New York, Simon & Schuster, 2014.

6. B. Clinton, *Giving: How Each of Us Can Change the World*, New York, Random House, 2017.

7. H. Cohen, *You Can Negotiate Anything: The World's Best Negotiator Tells You How To Get What You Want*, London, Bantam, 1982.

8. O. Delbard, "Sustainability Management Issues in Latin America And Europe: A Multi- Stakeholder Perspective", France, ESCP Europe, 2010.

9. J. P. Dupuy, "Common Knowledge, Common Sense", *Theory and Decision*,

1989(29):37—62.

10. Y. Duzert, F. Zerunyan, *Negotiation for Public Leaders*, Los Angeles, University of Southern California Press, 2016.

11. Y. Duzert, A. T. Spinola, G. Broilo, "Negotiation China-Brazil, approach of the matrix of complex negotiation", *Journal of US-China Public Administration*, 2010.

12. Y. Duzert, S. Rodrigues, "An Approach to Visualize the Negotiation", UFRJ COPPE Congress on online education，2009.

13. Y. Duzert, "Teaching Negotiation through the Matrix on Complex Negotiation to Mold Corporate Diplomats", IN: New Trends in Negotiation Teaching : Towards a Transatlantic Network, Paris, Harvard Program on Negotiation and ESSEC, 15 November，2005.

14. Y. Duzert, "The Use of the Matrix of Complex Negotiations in the Context of Reforms in Brazil", IN: Comparative Studies in Public Conflict Resolution, International Conference of the Korea Development Institute School of Public Policies and Management, September 2005.

15. Y. Duzert, G. F. Broilo, A. T. Spinola, "The Matrix of Complex negotiation", *Journal of US-China Relations*, 2009.

16. R. Fisher, D. Shapiro, *Beyond Reason: Using Emotions as You Negotiate*, London, Penguin Books, 2016.

17. G. Adam. *Originals: How Non-Conformists Move the World*, Penguin Books, 2015.

18. M. Hardt, A. Negri, *Empire*, Boston, Harvard University Press, 2001.

19. C. G. Jung. *Present and Future*. Harvey Books. 1991.

20. D. Kahneman. *Thinking, Fast and Slow*. Penguin Books. 2011.

21. D. Kahneman, A. Tversky, "The Psychology of Preferences", *Scientific American*, 1982(1): 161—173.

22. G. Klein. *Seeing What Others Don't: The Remarkable Ways We Gain Insights,* London, Nicholas Brealey Publishing, 2013.

23. G. Klein. *Sources of Power: How People Make Decisions*, Boston, The MIT Press, 1999.

24. G. Klein. *The Power of Intuition: How to Use Your Gut Feelings to Make Better Decisions at Work*, London, Bantam Books, 2007.

25. D. Lax, J. Sebenius. *The Manager as Negotiator: Bargaining for Cooperation and Competitive Gain*, New York, Free Press, 1986.

26. M. Rebecca. "You Have to be Pushy and Aggressive", *Business Week*, February 24 , 1997.

27. C. Menkel-Meadow, M. Wheeler, *What's Fair: Ethics for Negotiators*, San Francisco, Jossey-Bass 2010.

28. G. G. Meredit, R. E. Nelson, P. A. Neck, "The Practice of Entrepreneurship", Geneva, International Labour Office, 1982.

29. R. Mnookin, *Bargaining with the Devil: When to Negotiate, When to Fight*, New York， Simon & Schuster, 2011.

30. R. Mnookin, L. Susskind. *Negotiating on Behalf of Others: Advice to Lawyers, Business Executives, Sports Agents, Diplomats, Politicians, and Everybody Else*, SAGE Publications, 2000.

31. R. Mnookin H. *Beyond Winning*：*Negotiating to Create Value in Deals and Disputes*, Harvard University Press, 2010.

32. M. Mobius, *Passport to Profits: Why the Next Investment Windfalls Will Be Found Abroad and How to Grab Your Share*, Grand Central Publishing, 1999.

33. 艾丽卡·爱瑞儿·福克斯著，胡娇娇译，《哈佛谈判心理学》，中国友谊出版社，2014 年。

34. 戴维·A. 拉克斯、詹姆斯·K. 西贝尼厄斯著，梁卿、夏金彪译，《三维谈判：在至关重要的交易中扭转局面》，商务印书馆，2009 年。

35. 迪帕克·马哈拉、马克斯·巴泽曼著，吴奕俊译，《哈佛经典谈判术》，浙江人民出版社，2015 年。

36. G. 理查德·谢尔著，林民旺、李翠英译，《沃顿商学院最实用的谈判课》（第二版），机械工业出版社，2016 年。

37. 龚荒，《商务谈判与推销技巧》（第三版），清华大学出版社、北京交通大学出版社，2016 年。

38. 吉姆·托马斯著，熙弦译，《谈判制胜的 21 条军规》，上海财经大学出版社，2013 年。

39. 劳伦斯·萨斯坎德、哈勒姆·莫维斯著，汪海亭译，《谈判长赢》，中国人民大学出版社，2012 年。

40. 罗杰·道森著，刘祥亚译，《优势谈判》，重庆出版社，2008 年。

41. 罗杰·费希尔、斯科特·布朗著，王燕译，《沟通力》，中信出版社，2016 年。

42. 罗杰·费希尔、威廉·尤里、布鲁斯·巴顿著，王燕、罗昕译，《谈判力》，中信出版社，2012 年。

43. 利 · L. 汤普森,《汤普森谈判学》,清华大学出版社,2014 年。
44. 利 · L. 汤普森著,康蓉、吴越译,《谈判的真理》,当代中国出版社,2008 年。
45. 斯图尔特 · 戴蒙德著,杨晓红译,《沃顿商学院最受欢迎的谈判课》,中信出版社,2012 年。
46. 理查德 · 谢尔著,林民旺、李翠英译,《沃顿商学院最实用的谈判课》,机械工业出版社,2013 年。
47. 李真,《国际商务谈判阶梯式突破试卷》,武汉大学出版社,2014 年。
48. 刘光溪,《碰撞、融合、发展——亲历 13 年复关入世谈判的思索》,上海人民出版社,2002 年。
49. 泷本哲史著,千太阳译,《谈判思考的技术:六堂课解决谈判"痛点"》,中信出版社,2018 年。
50. 唐纳德 · 特朗普、梅瑞迪丝 · 麦基沃著,蒋旭峰、刘佳译,《永不放弃:特朗普自述》,上海译文出版社,2017 年。
51. 田村次郎著,吕平译,《哈佛 · 庆应超强逻辑谈判技巧》,北京时代华文书局,2017 年。
52. 聂元昆,《商务谈判学》,高等教育出版社,2016 年。
53. 史蒂夫 · 科恩著,周江源译,《超级谈判术》,武汉大学出版社,2015 年。
54. 孙武,《孙子兵法》,中华书局,2011 年。
55. 文婕,《中欧入世谈判 1999—2000 中的欧洲联盟——国际谈判理论的视角》,复旦大学硕士论文,2004 年。
56. 武向阳,《谈判兵法》,重庆出版社,2016 年。
57. 习近平著,国务院新闻办公室、中央文献研究室、中国外文局修订,《习近平谈治国理政》(第一卷)，外文出版社，2014 年。
58. 薛荣久，《中国加入 WTO 纵论》，对外经济贸易大学出版社，2001 年。
59. 杨杜泽著，沈莉娟译，《生活中的谈判学》，浙江大学出版社，2017 年。
60. 张兵，《谈判力》，民主与建设出版社，2016 年。
61. 张强，《商务谈判学》，中国人民大学出版社，2014 年。
62. 张祥，《文化软实力与国际谈判》，社会科学文献出版社，2013 年。
63. 珍妮 · M. 布雷特著，范徵、王风华、杨豪树、朱丹虹等译，《全球谈判：跨文化交易谈判、争端解决与决策制定》，中国人民大学出版社，2005 年。